성적을 올려주는 7가지
공부동화

성적을 올려주는 7가지 공부동화

1판 1쇄 인쇄 | 2007. 10. 5.
1판 5쇄 발행 | 2014. 5. 12.

고정욱 기획 | 고수산나 외 글 | 박영미 외 그림

발행처 김영사 | **발행인** 박은주 | **편집인** 박숙정
편집주간 전지운 | **편집** 고영완 김지아 문자영 박은희 김효성 김보민
디자인 김순수 전성연 김민혜 윤소라 고윤이
만화연구소 김준영 김재윤 | **해외저작권** 김소연
마케팅부 이희영 이재균 김형준 양봉호 강점원 정완교 이지현
제작부 안해룡 박상현 김일환 김수연
등록번호 제 406-2003-036호 | **등록일자** 1979. 5. 17.
주소 경기도 파주시 문발로 197(우-413-120)
전화 마케팅부 031-955-3100 | **편집부** 031-955-3113~20 | **팩스** 031-955-3111

ⓒ김영사, 고정욱
이 책의 저작권은 저자에게 있습니다. 저자와 출판사의 허락 없이
내용의 일부를 인용하거나 발췌하는 것을 금합니다.

값은 표지에 있습니다.
ISBN 978-89-349-2676-4 73810

좋은 독자가 좋은 책을 만듭니다.
김영사는 독자 여러분의 의견에 항상 귀 기울이고 있습니다.
독자의견전화 031-955-3139 | 전자우편 book@gimmyoung.com
홈페이지 www.gimmyoungjr.com | 어린이들의 책놀이터 cafe.naver.com/gimmyoungjr

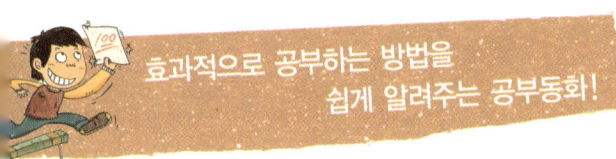

효과적으로 공부하는 방법을
쉽게 알려주는 공부동화!

성적을 올려주는 7가지
공부동화

고정욱 기획 | 고수산나 외 글 | 박영미 외 그림
최세진(휘경초등학교 교사) 도움말

주니어김영사

 이유를 알면 성적이 달라져요!

　러시아의 위대한 작가 톨스토이가 교사로 일할 때의 일입니다. 톨스토이에게 가르침을 받던 소년이 다른 과목은 공부하는 이유를 알겠는데 음악은 왜 공부하는지 모르겠다고 물었습니다. 가난한 농노의 아들이 평생 일이나 해야 할 운명이니 음악 공부가 자신의 삶에 무슨 소용인가 하는 생각이 들었겠지요. 저도 어린 시절에 그 이야기를 읽고 그 소년과 비슷한 생각을 했습니다.
　그러나 지금 생각해 보면 음악을 공부하지 않았다면 악보를 볼 줄 몰랐을 테고, 아름다운 음악을 이해하면서 위안을 얻지 못했을 것입니다.
　학교에서 배우는 공부에는 다 우리가 애써 배워야 하는 이유가 있습니다. 하지만 그 이유를 가르쳐 주는 사람은 거의 없고 다짜고짜 공부하라고만 다그치니 문제입니다. 무슨 일이든 우리가 이유를 알고 하는 것과 무턱대고 하는 것은 분명히 다릅니다.
　이 책은 오늘날 치열한 학습 경쟁에 뛰어든 이 땅의 아이들을 위해 기획되었습니다. 지겹게 풀어야 하는 수학 문제, 외우고 또 외우는 영어 단어, 만날 틀리는 맞춤법……. 이렇게 이유도 모르고 되풀이되는 학습들은 아이들을 지치게 만듭니다. 진짜 공부를 해야 하는 이유는 따로 있는데, 그 이유를 알기만 하면 열심히 공부할 아이들인데 말입니다.

　우리 작가들은 그런 아이들이 너무나 안타까워 이 책을 준비했습니다. 이 책은 아이들이 가쁜 숨을 잠시 고르며 내가 왜 이 공부를 해야 하는지 생각해 보고, 목표를 새롭게 세우는 데 도움이 될 것입니다. 내가 가는 길이 어디쯤인지, 어디로 가는 것인지 알면 그 길을 걸어가기가 쉬워지기 때문입니다.

　재미있는 동화를 읽으면서 아이들은 반드시 배워야 하는 일곱 과목인 국어, 영어, 수학, 과학, 사회, 체육, 예술을 왜 공부해야 하는지 자연스럽게 익힐 것입니다. 그러면 분명 아이들의 성적도 쑥쑥 오를 것입니다.

2007년 가을
대표 필자 고정욱

■ 머리말 이유를 알면 성적이 달라져요!

국어 공부를 위한 동화 〈한글아, 한글아〉 • 8
★ 국어 공부는 왜 할까? • 25
★ 어떻게 하면 국어를 잘할까? • 26

영어 공부를 위한 동화 〈꼬부랑 글자와 푸른 꿈〉 • 28
★ 영어 공부는 왜 할까? • 44
★ 어떻게 하면 영어를 잘할까? • 46

수학 공부를 위한 동화 〈맨홀 뚜껑은 왜 둥글까?〉 • 48
★ 수학 공부는 왜 할까? • 65
★ 어떻게 하면 수학을 잘할까? • 67

과학 공부를 위한 동화 〈중력을 이겨라!〉 • 69
★ 과학 공부는 왜 할까? • 87
★ 어떻게 하면 과학을 잘할까? • 88

사회 공부를 위한 동화 〈텔레비전에 나온 엄마〉 • 90

★ 사회 공부는 왜 할까? • 109
★ 어떻게 하면 사회를 잘할까? • 110

예술 공부를 위한 동화 〈잠자리 귀신과 싸개 대장〉 • 112

★ 예술 공부는 왜 할까? • 129
★ 어떻게 하면 예술을 잘할까? • 130

체육 공부를 위한 동화 〈나의 멋진 왕자님들〉 • 132

★ 체육 공부는 왜 할까? • 148
★ 어떻게 하면 체육을 잘할까? • 150

국어 공부를 위한 동화 _ 김옥선

한글아, 한글아

"오늘 여러분에게 새 친구를 소개하겠어요. 자, 김도영, 친구들에게 인사하자."

선생님 곁에 서 있던 도영이가 꾸벅 인사를 했습니다.

"안녕하세요? 만나서 반갑습니다. 저는 강원도 태백에서 전학 온 김도영이라고 합니다. 앞으로 여러분들과 사이좋게 지냈으면 좋겠습니다."

3학년 2반 아이들이 박수를 치며 새 친구를 맞이했습니다.

"도영이는 한별이 옆에 앉아라."

짝이었던 민수가 캐나다로 이민 갔기 때문에 한별이는 지난 한 달 동안 짝이 없었습니다. 처음에는 혼자인 것이 심심하고 따분

했는데 시간이 지나면서 책상을 넓게 쓸 수 있고, 빈 의자에 가방도 얹을 수 있어 아주 편했습니다. 솔직히 한별이는 짝꿍이 생겼다는 반가움보다 이제 책상을 넓게 쓸 수 없다는 점이 더 아쉬웠습니다.

"안녕, 반가워! 나 김도영이야. 우리 잘 지내자."

도영이가 한별이에게 손을 내밀었습니다. 한별이가 쳐다보자 도영이는 씩 웃으며 다시 악수를 청했습니다. 한별이는 아이들의 눈길이 일제히 자신에게 쏠려 있자 얼떨결에 도영이가 내민 손을 잡고 퉁명스럽게 말했습니다.

"얼른 앉아!"

1교시가 끝나자 한별이와 가장 친한 성민이가 도영이한테 와서 말을 걸었습니다.

"반가워! 나는 한성민이야. 나, 지난겨울에 식구들이랑 태백산에 갔었어."

"진짜?"

"응. 눈이 엄청 많이 쌓여서 썰매를 타고 산에서 내려왔는데 정말 멋있었어. 황지연못(강원도 태백시 황지동에 있는 낙동강 발원지)에도 가 봤어."

"태백을 가 봤다니 너무 반가워."

"황지연못이 낙동강이 시작되는 곳이지?"

"응. 와아! 너 많이 알고 있네."

도영이와 다정하게 이야기하는 성민이를 지켜보던 한별이의 얼굴이 조금씩 굳어졌습니다. 성민이가 도영이에게 관심을 보이는 것이 못마땅했기 때문입니다.

'뭐야? 이 자식…… 촌에서 전학 온 주제에…….'

"한별아, 다음 시간 뭐니?"

도영이가 물었지만 심통이 난 한별이는 못 들은 척했습니다.

옆에 있던 성민이가 대신 '읽기'라고 대답해 주었습니다. 수업 시작을 알리는 종이 울리자 성민이는 자기 자리로 돌아갔습니다.

읽기 시간에 선생님이 아이들에게 질문을 했습니다.

"오늘은 우리가 사용하는 말 가운데 잘못 쓰는데도 알아차리지 못하는 단어들을 살펴보겠어요. 다음 문장에서 옳지 않은 부분을 찾아보세요."

오늘은 윤수의 생일이다. 윤수는 친구들을 5시에 초대했다.

4시 30분에 민정이가 왔다.

윤수가 민정이에게 말했다.

"민정아, 빨리 왔네."

윤수의 말을 들은 민정이가 대답했다.
"나, 빨리 오지 않았는데."

아이들은 고개를 갸웃거렸습니다.
선생님이 한별이를 가르키며 부르자 한별이는 쭈뼛거리며 일어났습니다.
"저, 잘…… 모르겠……."
한별이는 기어 들어가는 목소리로 웅얼거렸습니다. 친구들과 이야기를 나눌 때는 말이 술술 잘 나오는데, 여러 사람 앞에서 이야기할 때나 선생님에게 말할 때는 왜 목소리가 기어 들어가는지 스스로도 못마땅했습니다.
"아는 사람?"
선생님의 말씀이 끝나기가 무섭게 도영이가 손을 번쩍 들었습니다.
"'민정아, 빨리 왔네.'가 아니라 '민정아, 일찍 왔네.'라고 해야 할 것 같아요. '빨리'는 한 시간 거리를 30분 만에 왔을 때 쓰는 말이고, '일찍'은 정해진 시간보다 빨리 올 때 쓴다고 알고 있습니다."
"맞았어요. 도영이가 설명을 아주 잘했어요."

선생님이 칭찬을 했습니다.

"우리는 5시에 약속해 놓고 4시 30분에 나타나면 '너 참 빨리 왔네.'라고 말하지요. 그러나 이건 옳지 못한 표현입니다. 앞으로 말을 할 때는 한 번 더 그 뜻을 생각해 보고 옳은 말을 쓰세요. 도영이는 이런 것들을 전에 다녔던 학교에서 배웠니?"

"아니요. 할머니랑 같이 공부하면서 책에서 봤어요."

"같이 공부할 수 있는 할머니가 계셔서 좋겠구나."

선생님의 칭찬에 도영이는 쑥스러운 듯 얼굴을 붉히며 자리에 앉았습니다.

"한별이는 말을 정확하게 하는 법을 배워야겠네. 앞으로 정확하고 또박또박하게 말하는지 선생님이 계속 지켜볼 거예요."

"네."

한별이의 얼굴이 빨갛게 달아올랐습니다.

수업이 끝나자 아이들은 즐거운 마음으로 가방을 챙겼습니다. 한별이도 어서 집에 가서 성민이와 카트라이더 게임을 하고 싶은 마음에 빠르게 움직였습니다. 두 아이는 가끔 시간을 맞춰 컴퓨터 온라인 서버에 접속해 게임도 하고 채팅도 했습니다.

마침 성민이가 한별이 자리로 다가왔습니다. 한별이는 성민이에게 웃음을 지으며 말했습니다.

"성민아, 카트……."

그러나 성민이의 눈길은 도영이에게 향했습니다.

"도영아, 너희 집 어디야?"

성민이는 도영이에게 질문하느라 한별이의 말을 듣지 못했습니다. 한별이는 들어주는 사람도 없는데 혼자 말하자 무안해서 얼른 입을 다물었습니다.

"한별아, 도영이도 한국 아파트에 산대. 집에 갈 때 함께 가자."

"성민아, 카트 몇 시에 할 거야?"

한별이는 성민이의 말을 못 들은 척 제 할 말만 했습니다.

"나, 이제부터 컴퓨터는 일요일밖에 못해. 엄마가 논술 학원에 다니래."

성민이의 말에 한별이는 실망감을 감추지 못했습니다. 한별이는 오늘 하루 모든 것이 엉망이 된 기분이었습니다. 느닷없이 나타난 도영이에게 성민이를 빼앗긴 것 같고, 도영이 때문에 선생님에게 더 지적받은 것만 같았습니다.

성민이는 한별이보다 도영이와 더 친하게 지냈습니다. 학급 신문을 만들 때도 도영이가 할머니한테 들은 재미있는 이야기를 많이 알고 있다면서 한 코너를 맡겼고, 체험 학습 갈 때도 말을 재미있게 한다며 도영이 옆에 앉았습니다.

"한별아, 넌 누구 편지 가져왔어?"

도영이가 가방에서 책을 꺼내며 한별이에게 물었습니다.

"미국에 있는 이모가 보낸 편지."

"국제 편지면 봉투도 다르겠다. 그치?"

"이메일인데 봉투가 어딨어?"

선생님이 '쓰기' 시간에 편지 글에 대해 배운다며 아이들에게 받은 편지를 한 통씩 준비해 오라고 했습니다. 아이들 대부분이 받은 이메일을 인쇄해 왔는데 도영이는 우표가 붙어 있는 편지를 가지고 왔습니다.

한별이가 얼핏 보았는데 글씨도 삐뚤삐뚤하고 철자법도 여러 개 틀렸습니다. 도영이가 화장실에 간 사이에 한별이가 편지를 꺼내 읽어 보니 도영이 할머니가 보낸 편지였습니다.

"우하하하!"

편지를 읽던 한별이가 큰 소리로 웃었습니다. 아이들이 무슨 일인가 싶어 한별이 주변으로 모여들었습니다.

"한별아, 너 읽고 있는 게 뭐야? 뭐가 그렇게 재미있어?"

"야, 도영이 할머니 편지인데 글씨 좀 봐! 철자법이 다 틀렸어. 진짜 웃긴다. 자, 봐!"

한별이가 아이들에게 편지를 보여 주었습니다.

주민이가 편지를 보더니 큭큭거리며 웃었습니다.

> 내 새끼 도영아!
> 집애는 밸일업지.
> 핵교 당기기 힘들지.
> 밥을 마식게 마니 먹어야 몸도 트튼해진다.
> 할미가 태으나서 처음으로 스는 팬지다.
> ....

"한글을 모르시나 봐."

"어디 나도 보여 줘."

아이들이 서로 먼저 보겠다고 웅성거렸습니다.

그때 도영이가 교실로 들어섰습니다. 몇몇 아이들이 자신을 쳐다보자 영문을 모르는 도영이는 어리둥절했습니다.

"야, 너네 할머니는 한글도 모르시냐? 큭큭큭!"

도영이는 빈정거리는 주민이의 말이 무엇을 뜻하는지 알아차리고는 씩씩거렸습니다.

"우리 할머니 편지 가지고 장난치지 마. 이리 줘!"

도영이가 화가 나서 소리치자 한별이도 큰 소리로 따졌습니다.

"야, 김도영! 재미있는 이야기를 세상에서 가장 많이 알고 있는 할머니가 어째서 한글은 모르시냐? 할머니랑 같이 공부한다면서? 한글도 모르는 할머니랑 무슨 공부를 하냐? 넌 우리한테 거짓말을 한 거야. 넌 거짓말쟁이라고!"

"어서 내놔!"

"주민아, 그 편지 나 줘!"

한별이가 주민이한테서 편지를 넘겨받았습니다.

도영이는 한별이가 들고 있는 할머니의 편지를 빼앗으려고 덤벼들고, 한별이는 빼앗기지 않으려고 버둥거리다 그만 편지가 찢어지고 말았습니다. 순간 교실은 정적에 싸였습니다.

"흑흑흑!"

도영이는 어깨를 들썩거리며 울면서 찢어진 편지를 곱게 폈습니다. 그냥 짓궂은 장난으로 골탕 먹이려고 했던 건데 막상 도영이가 눈물을 흘리자 한별이도 마음이 썩 좋지는 않았습니다.

수업 시작종이 울리고 교실 안으로 선생님이 들어오자 아이들은 조용해졌습니다.

"자, 다들 편지 한 통씩 가져왔지? 오늘은 그 편지에 대한 답장을 쓰겠어요. 편지란 자기가 하고 싶은 말이나 생각을 상대방에게 전달하기 위해 쓰는 글이에요. 서두에는 인사말이 들어가고, 본론에는 편지를 쓴 목적이나 사연이 들어가고, 말미에는 인사로 끝을 맺습니다. 또 혹시 빠진 것이 있으면 마지막에 추신을 달기도 합니다. 편지란 서로를 친하게 연결시켜 주는 수단이 되기도 하지요. 선생님이 말한 내용을 잘 새기면서 편지를 써 보도록 하세요."

도영이는 찢어진 편지를 한참 동안 바라보더니 써 내려가기 시작했습니다. 한별이는 그런 도영이를 힐끔거리며 쳐다보았습니다. 도영이의 어깨가 오랫동안 들썩거렸습니다.

"자, 다 썼으면 누가 한번 읽어 볼까? 김도영! 한번 읽어 보자."

선생님의 말에 도영이가 일어나서 편지를 읽었습니다.

보고 싶은 할머니!

할머니가 세상에 태어나서 처음으로 쓰는 편지를 제가 받게 되어서 정말 기뻤어요.

2년 전, 큰아빠가 암으로 돌아가시면서 했던 말이 아직도 잊혀지지 않아요.

"살면서 어머니를 창피하게 생각한 거 정말 미안해요."

시장 바닥에서 나물 파는 어머니를 창피하게 생각했고,
한글을 몰라서 남한테 무시당하는 어머니를 창피하게
생각했고……."
큰아빠가 돌아가시고 나서 할머니는 큰 다짐을 하듯
저에게 말했죠.
"도영아, 할미한테 글자 좀 가르쳐 줄 수 있냐?"
다음 날부터 할머니는 숙제하는 제 옆에 와서
공책에 '가나다라'를 열심히 쓰면서 공부하셨지요.
저는 할머니에게 글자를 가르쳐 드리고,
할머니는 저에게 재미있는 이야기를 많이 들려주시고……
"진즉에 배울 걸 왜 지금까지 까막눈으로
살았는지 모르겠다. 그럼 니 큰애비가 창피해하지
않았을 텐데……."
이렇게 말하며 우셨던 할머니의 모습을 저는
잊을 수가 없어요. 아빠 일 때문에 우리 가족이
서울로 이사 오게 되었을 때 할머니는 막내아들인
아빠와 헤어지는 것을 아쉬워하면서도 제게
잊지 않고 말했어요.
"도영아! 할미가 꼭 편지할게."
약속을 지켜 준 할머니!
고맙습니다.

도영이가 편지를 읽는 동안 교실 안은 깊은 바다 속처럼 조용해졌습니다.

"잘 썼어요. 도영이는 세상에서 가장 귀한 편지를 받았구나. 여러분들은 지금 풍요로운 세상에서 마음껏 공부할 수 있지요? 예전에는 공부를 하고 싶어도 상황이 여의치 못해 공부를 할 수 없는 분이 아주 많았어요. 도영이는 늦게나마 글을 배우신 할머니를 자랑스럽게 생각해야겠네."

"네."

도영이가 힘없이 대답했습니다.

한별이는 도영이에게 미안한 마음이 들었지만 미안하다는 말이 입 안에서만 맴돌 뿐 입 밖으로 나오지 않았습니다.

한별이가 집에 오니 엄마가 외숙모와 전화 통화를 하고 있었습니다.

"언니, 일찍 가서 도와줘야 하는데 미안해요. 한별이 학원 갔다 오면 저녁 때 갈게요."

엄마는 전화를 끊고 한별이를 맞아 주었습니다.

"외삼촌네 가시게요?"

"응. 오늘이 외할머니 제사야."

외할머니는 엄마가 아빠와 결혼하기 전에 돌아가셨기 때문에 한별이는 한 번도 외할머니를 본 적이 없습니다. 사실 그동안 외할머니에 대해 궁금해한 적도 없었습니다. 외할머니의 존재를 잊고 있었는데 새삼 어떤 분이었을까 궁금해졌습니다.

"엄마, 외할머니는 한글 아셨지?"

"으응?"

한별이의 뜬금없는 물음에 엄마는 당황한 기색을 내비쳤습니다.

"우리 반에 지난달에 전학 온 애가 있는데, 걔네 할머니가 한글을 모르셨대요."

한별이는 엄마에게 도영이 할머니 이야기를 했습니다. 한별이의 이야기를 들은 엄마의 눈에 이슬이 그렁그렁 맺혔습니다.

"도영이는 정말 세상에서 가장 귀한 편지를 받았구나."

엄마의 목소리가 슬픔에 잠겨 눅눅했습니다.

"엄마, 그런데 왜 울어요?"

한별이는 엄마가 왜 우는지 이상하기만 했습니다.

"한별아, 외할머니에 대해서 얘기해 줄까?"

"네. 안 그래도 외할머니는 어떤 분이었을까 궁금했어요."

"그래. 그날은 눈이 엄청 많이 내렸어. 갑자기 내린 눈으로 도로가 엉망이 되었지. 미처 체인을 준비하지 못한 사람들은 길이

미끄러워서 차를 천천히 몰았어. 눈이 많이 내린 데다 바람이 세게 불어서 바닥이 금방 얼어 버렸어. 외할머니는 그날 교통사고를 당하셨지."

외할머니 생각에 목이 메어 오는지 엄마는 잠시 말을 멈추었습니다.

"한국 전쟁이 났을 때 외할머니는 열두 살이었는데 피난길에 가족을 다 잃어버리고 혼자 남으셨대. 그래서 어린 나이에 갖은 고생을 다 하셨지. 물론 공부도 할 수 없었어. 형제 많은 집안에 장남인 외할아버지를 만나 그 동생들을 다 뒷바라지하고, 자식들을 거두다 보니 어느새 당신 나이 쉰 살이 되신 거야. 외할머니는 그때 글도 배우고 공부도 하고 싶다고 하셨어."

엄마의 이야기를 듣는 한별이의 가슴이 두근거렸습니다.

'우리 할머니도 설마……'

"엄마가 돌이켜 보니, 외할머니는 공부를 하러 다니던 그 몇 달 동안 가장 밝은 얼굴이었어. 외할머니가 사고를 당한 그날도 아주 밝은 얼굴로 공부하고 오겠다며 집을 나섰지. 날이 춥다고 가지 말라고 말렸는데……. 외할머니가 뭐라고 하고 나가셨는지 아니?"

한별이가 고개를 가로저었습니다.

"'너 대학 들어가면 집 떠날 거 아니여. 그때 편지해야지…….' 엄마는 외할머니의 그 말을 잊을 수가 없어."

한별이는 엄마의 이야기를 듣고 울먹거리며 다시 물었습니다.

"엄마, 진짜 외할머니도 한글 몰랐어요?"

"아마, 이제 다 배우지 않으셨을까?"

속이 상한 한별이는 결국 울음을 터뜨렸습니다. 엄마는 한별이를 그대로 내버려 두었습니다.

한참을 울고 난 한별이가 훌쩍거리며 엄마에게 말했습니다.

"엄마, 제사 다 지내고 외숙모한테 떡 좀 많이 싸 달라고 하세요. 내일 도영이랑 같이 먹게요."

엄마가 웃음 지으며 한별이의 눈물을 닦아 주었습니다.

국어 공부는 왜 할까?

국어는 모든 과목의 기초!

국어는 우리나라 말입니다. 말이 있기에 자신의 생각을 전하고, 서로 의견을 나눌 수 있습니다. 우리는 말하고, 듣고, 읽고, 쓰기를 잘하기 위해 많은 책을 읽으며 간접 경험을 쌓습니다.

또한 국어는 모든 공부의 기초라고 할 수 있습니다. 건물을 지을 때 기초 공사를 튼튼히 하지 않으면 부실 공사로 건물이 무너져 내릴 수 있습니다. 당장은 건물이 무너지지 않는다고 해도 언제나 그 위험을 안고 살아가지요. 쓸 줄도 알고 읽을 줄도 아는데 국어 공부를 왜 해야 하나 의아한 사람도 있을 것입니다. 그 이유는 말뜻을 이해하는 능력이 필요하기 때문입니다. 예를 들어 수학 문제를 풀 때 무엇을 요구하는지 이해할 수 없으면 문제를 제대로 풀 수 없을 테니까요.

말뜻을 이해하는 능력은 국어를 공부하면서 배우게 됩니다. 따라서 국어를 잘해야 다른 과목도 잘할 수 있어요. 초등학교 때 글을 읽고 이해하는 능력을 길러 놓아야 중학교에 들어가서 공부를 잘할 수 있습니다.

어떻게 하면 국어를 잘할까?

⊙ 읽기 : **다양한 분야의 책을 골고루 읽습니다.** 책을 통해 다양한 경험들을 하게 되면 그 간접 경험 속에서 흥미 있는 소재와 관심 분야를 찾을 수 있습니다. 그리고 책을 읽으면서 다양한 단어와 표현들, 그리고 문장의 구조 등을 자연스럽게 익힐 수 있습니다. 처음에는 모르는 단어가 나와도 사전을 찾지 말고 읽어 나갑니다. 그래야만 문맥 속에서 단어의 뜻을 자연스럽게 이해하게 됩니다. 독서를 통해 쌓인 상상력은 다른 과목을 배우는 데 큰 도움을 줍니다.

⊙ 쓰기 : **자신의 생각을 꾸준히 써 봅니다.** 많이 써 봐야 글 쓰는 실력도 좋아집니다. 일기 쓰기, 독서 감상문 쓰기 등 글 쓰는 기회를 만들어 참여해 보세요. 처음에는 서너 줄의 간단한 문장을 쓰는 것부터 시작하여 차츰 글의 양을 늘려 가세요. 모르는 단어를 국어사전에서 찾고 나만의 사전을 만들어 보는 것도 좋아요.

⊙ 듣기 : 친구와 선생님 등 다양한 사람들의 이야기에 귀 기울여 봅니다. 다른

사람의 이야기를 잘 듣는 것도 훈련이 필요합니다. 라디오나 텔레비전에서 나오는 뉴스를 들어보는 것도 좋아요.

말하기 : **말하고자 하는 내용을 정확하게 표현하는 연습을 해 봅니다.** 말을 잘 하기 위해서는 자신감이 제일 중요해요. 수업 시간에 손을 들고 발표해 보고, 혼자서 시나 동화를 큰 소리로 읽어 보는 것도 도움이 됩니다. 학습회의 시간에 한 가지 주제를 놓고 친구들과 토론해 보는 것도 좋은 방법입니다.

"선생님이 말해요!"

1. 책을 많이 읽되 지은이의 생각, 느낌, 표현을 함께 공감하며 읽습니다.
2. 글을 읽고 전체 내용을 요약해 보고 같은 주제로 직접 글을 써 봅니다.
3. 시를 읽고 새로운 표현으로 바꿔 보고 같은 주제의 다른 시를 써 봅니다.
4. 동화를 읽고 '만약~하다면' 하고 상상하며 동화의 내용을 바꿔 써 봅니다.
5. 가족들과 함께 글을 읽고 돌아가면서 글의 내용과 자신의 의견을 말해 봅니다.

영어 공부를 위한 동화 _ 김용진
꼬부랑 글자와 푸른 꿈

"지혜야, 같이 가자!"

얼음 공주 지혜는 대답이 없습니다. 나는 지혜의 수정 구슬처럼 투명한 눈동자를 바라보기만 해도 그 자리에 얼어붙을 것 같았습니다.

"삐까~ 뿌~!"

이런! 또 그 녀석입니다. 그 녀석이란 학기 초에 전학 온 만세를 말합니다. 녀석만 보면 늘 표정 없는 지혜의 얼굴에 발그레한 웃음이 번집니다. 오늘처럼 불쑥 나타나 괴상한 소리를 지르며 놀라게 하는데도 말입니다. 게다가 생긴 건 또 어떻고요. 덥수룩한 머리에 밀가루 반죽처럼 넙데데한 얼굴, 선을 그은 듯한 일자

눈은 떴는지 감았는지도 모를 지경입니다. 아무리 봐도 내 눈에는 볼품없는데…… 여자 아이들이란 정말 알다가도 모르겠습니다. 그래도 난 이 세상에서 지혜가 가장 좋습니다.

"야, 만세 삼창! 유치하게 피카츄가 뭐냐?"

"피카츄라니? 너는 삐까뿌도 모르냐? '까꿍'이라는 뜻이잖아."

"인마, 모르긴 누가 모른다는 거야? 네 발음이 촌스러우니까 그렇지."

옆에서 지켜보던 성욱이가 내 어깨에 손을 두르며 속삭입니다.

"한민국, 너 진짜 무슨 뜻인지 모르지? 자식, 무식하면 용감하다더니. 공부 좀 해라, 인마!"

순간 나는 얼굴이 화끈 달아올랐지만 짐짓 화가 난 듯 성욱이의 팔을 세차게 뿌리칩니다.

"강성욱, 너 죽고 싶냐?"

당장 주먹이라도 휘두를 것처럼 씩씩대는 내게 만세 녀석이 한마디 던집니다.

"미친 코뿔소처럼 들이대기는."

"으하하하! 미친 코뿔소!"

성욱이가 손가락을 코앞에 대고 빙글빙글 돌리며 놀려 댑니다. 나는 더 이상 참지 못하고 성욱이의 멱살을 거칠게 움켜잡습니다.

"너, 이 자식!"

"어, 어. 너 왜 이래?"

아이들 몇 명이 몰려와 뜯어말립니다. 그럴수록 나는 성욱이의 멱살을 잡고 있는 손에 힘을 더합니다. 그때였습니다. 불난 집에 부채질하듯 만세 녀석이 쐐기를 박습니다.

"돌대가리 힘자랑하는 것도 아니고 쌈 잘하는 게 무슨 벼슬이냐?"

"그래, 내가 우리 학교 3학년 짱이다. 어쩔래?"

"짱이라니? 쌈 잘해서 쌈짱? 그냥 쌈장이나 하시지. 쌈이나 싸 먹게. 흐흐흐!"

그때까지 꼼짝도 못하던 성욱이가 내 가슴을 밀치곤 교문 밖으로 뛰어갑니다. 나는 성욱이의 뒤통수를 노려봅니다.

하지만 놀란 표정의 지혜와 눈빛이 마주치자 풀이 죽고 맙니다. 마음 같아서는 돌려 차기로 두 녀석 모두 혼내 주고 싶지만, 지혜에게 잘 보이고 싶은 마음 때문에 꾹꾹 눌러 참습니다.

나는 구겨진 기분을 간신히 달래며 사이좋게 영어 학원 버스에 올라타는 지혜와 만세를 멍하니 바라보기만 합니다.

"엄마! 나도 영어 학원 다닐래요."

학교에서 돌아온 나는 가방을 내려놓자마자 엄마에게 졸라 댑니다.

"우리 아드님께서 또 무슨 바람이 불어서 그러시나? 체질에 맞지 않아서 못 배우겠다며?"

엄마는 매니큐어를 바르는 손톱에 눈길을 고정한 채 건성으로 대답합니다. 그런 엄마의 태도에 짜증이 납니다.

"아이, 몰라. 아무튼 나도 지혜 다니는 학원에 보내 줘요. 네?"

"갑자기 영어 학원에 가겠다는 이유가 뭐야?"

"왜냐하면요. 음…… 지혜가 다니니까……."

엄마는 내 말이 끝나기도 전에 버럭 소리부터 지릅니다.

"뭐라고? 그게 무슨 이유야? 일주일에 한 번 있는 학습지 방문 수업도 하기 싫어서 몸살을 앓는 녀석이 학원은 무슨."

"이번엔 정말 열심히 할게요. 네?"

"글쎄, 안 된다니까. 어서 도장에나 가 봐. 다음 주에 국기원 심사잖아. 열심히 연습해서 이품을 따야지."

마지못해 도복으로 갈아입고 집을 나서는데 엄마가 큰 소리로 말합니다.

"끝나면 곧장 와라. 오늘 삼촌 오시는 날이야."

나는 대답 대신 일부러 현관문을 '쾅' 소리 나게 닫습니다. 화가 난 건 아니지만 하나밖에 없는 아들의 마음을 눈곱만큼도 헤아려 주지 않는 엄마에게 서운한 마음이 듭니다. 안 그래도 지혜와 만세 녀석이 다정하게 앉아 영어 공부하는 것을 상상하니 화가 치미는데……. 하긴 엄마가 그런 사정을 알 턱이 없습니다.

그래도 삼촌이 온다니 다행입니다. 우리 삼촌은 휴대 전화기를 만드는 회사에 다닙니다. 해외 영업 부서에서 일하기 때문에 출장이 잦은 편인데, 그때마다 선물도 사다 주고 새로운 이야기를 흥미진진하게 들려줍니다. 그리고 무엇보다 내 이야기를 귀담아듣고 내 생각을 많이 이해해 주는 분입니다. 삼촌이 결혼한 뒤에도 우리 집에서 계속 같이 살면 좋겠습니다.

"삼촌!"

도장에서 돌아온 나는 반가운 마음에 기다리던 삼촌을 와락 끌어안습니다.

"이야, 우리 민국이 그새 더 자란 것 같은데? 태권도 열심히 하고 왔어?"

내가 대답할 새도 없이 엄마가 먼저 말합니다.

"운동이라도 열심히 해야죠. 솔직히 말해서 민국이는 공부엔 소질이 없는 것 같아요. 아무래도 아빠 닮은 모양이에요. 호호호!"

"하하하! 형수님도 참. 그래도 형님이 우리 집안 대표 얼짱 아닙니까?"

"그럼요, 제가 첫눈에 반했다니까요. 그 덕에 우리 꽃미남 아들도 낳았고요. 호호호!"

삼촌과 우스갯소리를 주고받으며 웃는 엄마의 모습이 소녀 같습니다. 그러고 보니 잔소리쟁이 우리 엄마도 웃을 땐 예쁩니다.

"민국아! 너, 여자 애들한테 인기 많지?"

삼촌의 물음에 나는 시무룩하게 대답합니다.

"아니요. 그 반대예요."

"그럴 리가 있나? 삼촌 닮았으면 인기가 하늘을 찌를 텐데."

도무지 이해가 안 된다는 표정을 짓는 건 삼촌이나 엄마나 마찬가지입니다.

"어머, 아들! 정말 너 인기 없어? 너희 반 여자 애들은 눈을 감고 다닌다니? 이렇게 잘생긴 우리 아들을 두고 누굴 좋아한다는 거야?"

"우리 반 여자 애들 되게 웃겨요. 이상한 남자 애를 좋아해요."

"이상한 애라니? 누구?"

"있어요. 만세라고."

"이름이 만세야? 호호호! 너무 웃긴다, 얘. 혹시 걔네 할아버지 독립운동 하셨대?"

"몰라요. 걔네 아버지가 무슨 시민운동 한다던데? 아무튼 무지 촌스러워요. 저번에는 힙합 스타일 바지를 입고 왔는데 폼이 안 나요. 완전 똥 싼 바지를 입은 것 같다니까."

"엄마가 볼 때, 너희 반 애들 모두가 그 애를 좋아한다면 그만한 이유가 있을 거야."

"이유는 무슨. 지난번 영어 말하기 대회에서 1등 하고 나니까 아이들의 관심이 쏠리는 거라고요. 지혜도 그 녀석이랑 같은 학원 다닌단 말예요. 그러니까 나도 학원에 보내 주세요."

"어차피 지금 학원에 다닌다 해도 너는 지혜랑 같은 반이 될 수 없어."

"왜요?"

"지금 네 실력으로 시험을 받아 봐라. 유치원 애들하고 같이 다녀야 할걸?"

아무래도 우리 엄마는 아들 기죽이는 맛에 사는 분 같습니다.

"그런데 민국이는 영어를 왜 배우고 싶니?"

삼촌의 갑작스러운 물음에 나는 대답을 못하고 눈만 멀뚱거립니다. 머릿속이 하얗게 되는 것 같더니 아무 생각도 나지 않습니다. 영어를 왜 공부해야 하는지 한 번도 생각해 보지 않았기 때문입니다.

잠시 뒤, 나는 조심스럽게 말문을 엽니다.

"저기요, 사실 영어를 왜 공부해야 하는지 모르겠어요. 유학을 갈 것도 아니고 외국에서 직장을 구할 것도 아닌데 꼭 배울 필요는 없잖아요."

"글쎄, 쟤가 저렇다니까요. 캐나다로 어학연수 가는 친구한테도 남의 나라 말은 배워서 뭐 하냐고 따지더라고요. 그러니 내가 저 녀석 말을 믿을 수가 있겠어요?"

"형수님, 민국이가 살아갈 세상은 지금보다 영어가 더 필요할 거예요. 그러니 지금이라도 시키는 게 좋을 것 같아요. 저도 영어를 나름대로 한다고 하는데도 가끔은 내 실력이 부족하다 싶을 때가 있거든요. 조금만 더 영어 공부를 일찍 시작하고 열심히 했으면 좋았을 텐데 하는 아쉬움이 남죠."

삼촌의 이야기를 들으며 배시시 웃는 내게 엄마의 꿀밤 세례가 쏟아집니다.

"요 녀석, 뭘 잘했다고 웃어?"

"아얏! 아파요."

나는 저녁 식사를 마친 삼촌과 함께 집 근처에 있는 솔밭 공원으로 산책을 갔습니다. 공원 옆 도로 한켠, 학원 버스 몇 대가 세워져 있습니다. 수업이 끝난 아이들을 태우기 위해 기다리는 모양입니다.

삼촌은 아까 못다 한 이야기가 생각난 듯 다시 내게 묻습니다.

"민국아, 영어를 몰라서 힘든 적은 없었니?"

"음…… 컴퓨터로 게임할 때요. 스타크래프트 베틀 넷에 접속했을 때 영어 못하면 좀 그래요. 답답하고 짜증 나거든요. 그리고 노래 부를 때도 영어로 된 랩이 나오면 따라 하느라 헤매죠, 뭐."

"그럴 때 말곤 없니?"

나는 또다시 꿀 먹은 벙어리가 되었습니다. 애꿎은 머리만 긁적이며 삼촌의 눈치를 살핍니다.

"아! 생각났다. 지난번 월드컵에서 16강 티켓 놓고 스위스랑

붙었을 때요. 심판이 불공정한 판정을 내려서 우리 팀이 아쉽게 졌잖아요. 너무 화가 나서 피파(FIFA)에 항의하고 싶었는데 영어를 못하니까 방법이 없더라고요. 그땐 진짜 영어 잘하는 사람이 부러웠어요."

내 말에 삼촌은 빙글빙글 웃음만 짓습니다.

"그럼 삼촌은 왜 영어를 배워야 한다고 생각하는데요?"

"허허, 이 녀석 봐라. 내가 먼저 물었는데?"

"헤헤헤! 그럴 수도 있죠, 뭐."

"그래, 좋다. 태어나서 한 번도 자기가 사는 곳을 떠난 적이 없는 개구리가 있다고 해 보자. 그 개구리는 수많은 생명체들이 더불어 사는 자연이 얼마나 위대한지 알 수 없을 거야. 만약 태어나서 처음 보는 동물들과 맞닥뜨리면 어떻겠니?"

"낯설고 두려울 것 같아요."

"그렇지. 하지만 그들과 이야기를 나눌 수 있다면 그들이 누구인지, 어떤 방법으로 살아가는지 알 수 있겠지. 그리고 그들을 통해 유익한 정보를 얻을 수 있을 거야. 이를테면 파리나 메뚜기 같은 먹이가 사방에 널렸다는 것과 수련 꽃잎으로 뒤덮인 아름다운 연못이 있다는 것도 알 수 있겠지. 또 뱀처럼 자기 목숨을 노리는 천적이 있다는 사실도 알게 될 거야. 하지만 뱀과 말이 통하는 개구리라면 목숨을 건지기 위해 협상을 할지도 몰라."

"어떻게요?"

"음…… 저를 살려 주시면 싱싱한 들쥐 고기를 택배로 보내 드릴게요. 뭐, 이러지 않을까?"

"에이, 말도 안 돼요. 히히히!"

"그래, 웃자고 한 말이지만 그만큼 생각을 표현하는 것이 중요하다는 얘기야. 저마다 사정이 다른 나라들끼리 언어가 통하지 않는다면 그 어떤 것도 주고받을 수 없어. 삼촌이 하는 일을 예로 들어 볼까? 아무리 좋은 제품을 만들어도 그것의 기능과 장점을 전달할 수 없다면 어떻게 다른 나라 사람들에게 팔 수 있겠니?

우리가 좀 더 잘사는 나라가 되려면 선진국의 새로운 지식을 받아들여야 해. 그러기 위해서는 무엇보다 그들과 이야기가 통해야 하는 거야. 그것이 우리가 영어를 배워야 하는 이유란다. 이 세상 어디를 가도 영어가 통하지 않는 곳은 없으니까."

나는 삼촌의 이야기를 되짚어 보며 고개를 주억거립니다. 영어를 공부해야 하는 이유들이 조금씩 머릿속에서 정리되는 것 같습니다.

"야, 한민국!"

집으로 돌아가기 위해 아파트 입구로 들어서는 순간 만세와 마주칩니다. 능글맞게 웃고 있는 녀석을 보니 낮에 있었던 일이 떠올라 화가 날 것 같습니다.

"네가 여긴 웬일이냐?"

"지혜네 집에서 공부하다가 저녁 먹고 돌아가는 길이야."

한동네 사는 나도 여태 가 본 적이 없는 지혜네 집에서 저녁까지 얻어먹다니…… 아무튼 만세 녀석은 미운 짓만 골라서 합니다.

"안녕하세요. 저는 민국이 친구 만세라고 합니다."

"어, 그래."

만세 녀석의 인사를 친절하게 받아 주는 삼촌을 보니 공연히

심술이 납니다.

"야, 친한 척하지 말고 빨리 가라. 너랑 친구할 마음 없거든?"

"민국아, 그렇게 말하면 친구가 무안하지. 얘가 지혜랑 영어 학원 같이 다닌다는 애지? 만세야, 넌 영어 공부가 재미있니?"

"재미있기보다는 제 꿈을 이루려면 꼭 해야 하니까요."

"그래? 만세는 꿈이 뭐냐?"

"저는 외교관이 될 거예요. 우리나라의 이익을 보호하려면 능력 있는 외교관이 많아야 한다고 생각해요. 사실, 우리 아버지가 농산물 개방 반대 시위에 참가하셨다가 허리를 다쳐 입원한 적이 있거든요. 그때 결심했어요. 자신의 불만이나 요구만 주장하기보다 먼저 실력을 갖춘 사람이 되겠다고요. 그러려면 영어는 무조건 열심히 공부해야 하잖아요."

말을 마친 만세 녀석이 평소와는 달리 수줍어합니다. 삼촌이 녀석의 머리를 쓰다듬어 줍니다.

"지금 UN 사무총장을 맡고 있는 분도 외교관이 되기 위해 열심히 공부하셨다고 한다. 그분도 영어에 대해 남다른 열정을 쏟으셨지. 배운 건 무조건 스무 번씩 읽고 쓰고, 문장을 아예 통째로 외우셨다는구나. 미국인 신부와 영어로 이야기를 나누려고 성당까지 다니면서, 신부님이 귀찮아할 정도로 말을 붙이곤 하셨단다."

"저도 그분에 대해 들었는데요, 영어를 너무 잘해서 고등학교 3학년 때 우리나라 대표로 미국에 가셨대요. 케네디 대통령도 만나고요."

어디서 주워들었는지 만세 녀석이 삼촌 이야기에 맞장구를 칩니다.

"그래, 맞아. 만세도 최선을 다하면 훌륭한 외교관이 될 수 있을 거야."

"치! 나도 영어 공부 열심히 해서 외국 사람들에게 태권도를 가르칠 거라고요."

나도 만세에게 뒤지고 싶지 않다는 생각에 부랴부랴 대화에 끼어듭니다.

"와, 그거 좋은 생각인데? 해외에서 활동하는 사범이 만 명쯤 된다고 하더구나. 그분들 모두가 한국이 태권도 종주국이라는 강한 자부심과 사명감을 갖고 일하신단다."

엉겁결에 꺼낸 말이지만 삼촌의 설명을 듣다 보니 어쩐지 오래전부터 꿈꿔 온 일 같습니다.

나는 상상의 날개를 달고 미래로 날아갑니다.

나는 파란 눈을 가진 외국인 제자들에게 환상의 540도 발차기를 보여 주고 있습니다. 그런 내 모습을 바라보며 얼음 공주 지혜가 꽃처럼 환하게 웃어 줍니다.

아! 꿈을 꾸는 것만으로도 참을 수 없이 행복합니다.

하지만 미래는 꿈꾸는 사람의 것이라고 하지 않던가요? 그러고 보니 영어만 잘한다면 얼마든지 그 꿈을 이룰 수 있습니다. 영어야말로 꿈을 이루게 해 주는 신비한 마법인지도 모릅니다. 꼬부랑글자로 된 주문을 외우는 꼬부랑마법! 나는 당장에라도 마법처럼 신나는 영어의 세계로 빠져 들고 싶습니다.

"우리 민국이나 만세, 모두 멋진 꿈을 가졌구나. 너희가 각자의 꿈을 이루기 위해 노력한다면 우리나라는 분명히 살기 좋은 곳이 될 거야."

삼촌은 우리를 번갈아 바라보며 흐뭇해합니다.

나도 멋쩍게 웃으며 만세와 어깨동무를 합니다.

영어 공부는 왜 할까?

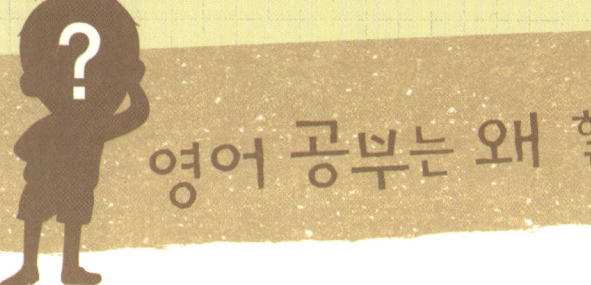

세계로 나가는 첫걸음!

영어는 세계의 많은 나라 사람들이 쓰는 공용어입니다. 영어를 잘하는 사람이라면 지구촌 어디를 가든 편하게 생활할 수 있어요. 세계 어느 나라에서든 원하는 것을 배울 수 있고, 전 세계를 상대로 자신의 꿈을 펼칠 수 있으며, 전 세계가 자신의 일터가 될 수 있습니다.

우리나라보다 한발 앞선 나라들을 따라잡으려면 반드시 영어를 배워야 합니다. 빠르게 변하는 세상의 소식을 접할 수 있는 인터넷은 물론, 과학이나 의학 등 전문 지식을 얻을 수 있는 책의 80퍼센트 이상이 영어로 되어 있기 때문입니다. 또한 대학교에 들어가기 위한 시험을 치를 때도 영어의 중요성은 두말할 필요가 없습니다. 이미 우리나라에 들어와 있는 외국 회사뿐만 아니라 우리나라 회사에서도 영어 능력이 뛰어난 사람이 인정받고 더 많이 활동할 수 있는 기회를 얻습니다. 또한 인터넷을 통해 다른 나라 사람들이 살아가는 모습을 알아보거나 쇼핑이나 오락을 할 때에도 영어가 필요합니다.

　유명한 텔레비전 프로그램 사회자는 '영어를 배우는 이유'에 대해 외국 사람들에게 훈민정음을 가르치기 위해서라고 말했습니다. 물론 당장은 불가능한 일이겠지만 이런 꿈을 갖고 공부한다면 우리 문화를 세계에 알릴 수 있겠지요. 외국에 맞서 우리나라의 입장을 주장하고, 독자적인 기술을 보호하며, 우리의 전통과 문화를 널리 알리기 위해서도 반드시 영어가 필요합니다.

　영어 능력을 비롯한 개인의 경쟁력은 나라의 발전과 연결됩니다. 자기 계발을 위한 목적으로 시작한 영어 공부가 나라의 미래를 이끌어 가는 기초가 된다는 사실을 잊지 마세요.

어떻게 하면 영어를 잘할까?

첫째, **날마다 꾸준히 들어야 합니다.** 시간을 정해서 듣는 것도 좋지만 수시로, 틈나는 대로, 쉬지 않고 들어야 합니다. 특히 잠들기 전 30분은 우리의 뇌가 가장 활발히 활동하는 시간이라고 합니다. 그 시간에 영어를 듣는다면 더욱 효과적일 수 있지요. 처음에는 잘 알아듣지 못하겠지만 꾸준히 듣다 보면 영어의 리듬에 익숙해지면서 영어 듣기가 쉬워집니다. 되풀이해서 듣다 보면 저절로 문장이 외워질 뿐만 아니라 문법도 자연스럽게 배우게 됩니다.

둘째, 단어를 많이 외우는 것도 좋지만 무엇보다 **자기 수준에 맞는 영어 책을 골라 많이 읽어야 합니다.** 영어 책을 많이 읽어서 이해력과 어휘력이 풍부한 사람일수록 영어를 잘할 수 있습니다. 유아용 그림책부터 시작해 영어로 된 만화, 잡지, 소설 등 자신이 흥미를 느끼는 책을 읽어 봅니다. 책을 소리 내어 읽으면 더욱 효과가 있어요.

셋째, **쓰기 연습을 합니다.** 교재 내용을 읽고 쓰는 것보다 좀 더 재미있고 다채로운 방법을 쓰면 좋아요. 예를 들면 영어로 일기를 쓰거나 간단한 글짓기를 해 봅니다. 본인의 영어 실력을 점검해 줄 수 있는 사람이 있다면 지은 글을 고쳐 달라고 부탁하는 것도 좋은 방법이지요. 그리고 받아쓰기를 하는 것도 영어 실력을 키우는 데 도움이 됩니다. 그 밖에 친구들끼리 영어 편지를 주고받아 보세요. 참! 좋아하는 가수나 배우에게 영어로 편지를 써 보는 것도 재미있겠죠?

"선생님이 말해요!"

1. 자신의 수준에 맞는 영어 동화를 골라 읽습니다.
2. 같은 책을 여러 번 읽어 봅니다. 문맥을 통해서도 도저히 단어의 뜻을 알지 못할 경우, 사전을 찾습니다. 그리고 나서 다시 한 번 그 단어를 읽어 봅니다.
2. 거울을 보면서 배운 내용을 큰 소리로 말해 봅니다. 나의 입 모양, 태도, 표정을 볼 수 있고 영어에 대한 자신감도 생깁니다.
3. 기본적인 표현을 반복해서 듣고 말해 봅니다. 그 속에 들어 있는 중요 표현들을 외우고 다음 날 확인해 봅니다.
4. 매일 하나의 주제를 정해 거울을 보며 자신에게 영어로 이야기해 봅니다.

수학 공부를 위한 동화 _ 고정욱
맨홀 뚜껑은 왜 둥글까?

"동진아, 아빠한테 간식 갖다 드려라."

학교에서 돌아온 동진이에게 엄마가 도시락을 건넸습니다.

"네."

동진이는 제법 무거운 도시락을 들고 엘리베이터를 탔습니다. 그리고 아파트 입구 자전거를 묶어 놓는 곳에 가서 도시락을 핸들에 달린 바구니에 담았습니다. 분명히 일하는 아저씨들도 주라고 어머니가 음식을 많이 싼 것 같습니다.

이곳은 동산 신도시입니다. 새로 아파트가 들어선 지 얼마 되지 않았고, 큰길을 따라 북쪽으로는 단독 주택 단지가 들어서고 있습니다. 길만 먼저 닦아 놓았을 뿐 아직 빈 땅이 많은 곳입니

다. 가끔 공사 자재를 실은 트럭들이 큰길로 다녔지만 동진이는 인도 위로 달리기 때문에 걱정이 없습니다. 동진이는 빨리 가서 아빠와 함께 맛있는 간식 먹을 생각에 가슴이 부풉니다. 페달을 밟아 아파트 단지를 빠져나가는 동진이의 마음은 상쾌합니다.

    아빠는 지금 이곳 단독 주택 단지에 집을 짓고 있었습니다. 직업이 설계사이기에 그 단지에서 가장 아름답고 살기 좋은 집을 짓는다고 늘 큰소리를 쳤습니다. 집이 완성되면 동진이네는 새집으로 이사를 갈 것입니다.

며칠에 한 번씩 아빠 심부름을 가면 그때마다 변해 있는 집을 보는 것도 큰 재미입니다. 땅을 마구 파헤쳐 놓은 게 엊그제 같은데 벌써 거의 다 완성되어 내부를 단장하고 있었습니다. 간간이 크게 지은 건물이 골목에 들어섰지만 나중에 집이 모두 들어서면 아름다운 전원 마을이 될 게 분명했습니다.

새로 생긴 교회 건물을 끼고 도는 순간이었습니다. 골목 앞에서 커다란 트럭이 나오다가 동진이를 보고 급히 멈춰 섰습니다.

'끼익!…… 치익!'

트럭은 저만치 섰는데 당황한 동진이는 엉겁결에 브레이크를 잡았습니다. 하지만 무거운 도시락을 실어서인지 뒷바퀴가 들리며 앞바퀴가 그만 반쯤 뚜껑이 열린 맨홀 구멍에 끼면서 자전거가 쓰러지고 말았습니다.

"아아아!"

땅바닥에 쓰러진 동진이는 정강이를 감싸며 나뒹굴었습니다. 맨홀 뚜껑에 호되게 찍혀 정강이가 불에 닿은 것같이 뜨겁고, 표현할 수 없이 아팠습니다.

"으아앙!"

트럭에서 내린 아저씨와 일을 하던 사람들이 여기저기에서 달려왔습니다.

"얘, 많이 다쳤니?"

"어디 보자."

"아아아아!"

사람들이 정강이에 손만 대면 동진이는 아파서 자지러졌습니다.

"우리 아빠 저기 있어요. 우리 아빠 좀 불러 주세요."

동진이가 가리킨 트럭 뒤쪽이 아빠가 집을 짓는 공사 현장이었습니다.

아빠 차에 실려 병원에 온 뒤로도 동진이는 계속 울었습니다. 엑스레이를 찍은 뒤 의사 선생님이 말했습니다.

"다리가 부러졌군요. 어쩌다 그랬지?"

"맨홀 뚜껑을 열고 공사하는데 이 녀석이 탄 자전거가 거기에 걸려서 넘어졌나 봐요."

아빠가 들은 대로 설명했습니다.

"그게 아니라 갑자기 트럭이 불쑥 튀어 나와서 그랬어요."

"다리가 부러졌으니 무척 아플 거예요."

동진이는 뼈가 부러진다는 걸 말로만 들었지 이렇게 아플 줄 정말 몰랐습니다.

선생님은 진통제를 주사하고 붕대를 감아 주었습니다.

"부기가 가라앉으면 깁스를 할 테니까 오늘은 일단 입원시키세요."

동진이는 계속 울었습니다.

하지만 가만히 생각하니 기분이 아주 나쁜 것만은 아니었습니다. 입원하면 학교에 가지 않아도 되니까요.

"그런데 어떻게 생긴 맨홀 뚜껑이었니?"

의사 선생님이 동진이의 관심을 다른 데로 돌리려고 물었습니다.

"이따만 하고 동그란 건데요, 반달처럼 빼꼼 열려 있었어요."

"맨홀 뚜껑을 왜 동그랗게 만들었지? 세모로도 만들 수 있는데."

"그, 글쎄요……."

동진이는 그런 생각을 해 본 적이 없어 의사 선생님의 엉뚱한 질문에 당황했습니다.

"맨홀 뚜껑이 동그란 이유를 알아내면 상을 주지. 정답을 찾으면 나한테 말해 줘."

"상이 뭔데요?"

"하와이에 갈 수 있는 비행기 표……."

"네?"

"……를 담을 수 있는 봉투!"

"에이, 그게 뭐예요?"

"하하하하!"

짓궂은 의사 선생님은 개구쟁이처럼 웃었습니다.

다리가 퉁퉁 부어 아팠지만 동진이는 정말 궁금해졌습니다. 만날 무심코 지나치던 맨홀이었는데 왜 뚜껑이 동그란지는 한 번도 생각해 보지 않았기 때문입니다.

'그래, 왜 동그랗지? 삼각형이나 사각형처럼 다른 모양이어도 되잖아. 왜 하필 동그란 모양일까?'

동진이가 엄마에게 물었습니다.

"엄마, 왜 맨홀 뚜껑이 동그란지 아세요?"

"이 녀석아, 맨홀 얘기도 꺼내지 마. 다리나 부러지고 이게 무슨 일이니?"

엄마는 맨홀 뚜껑 따위엔 관심도 없었습니다.

동진이는 긴장이 풀려서인지, 수면제 기운이 돌아서인지 곧바로 잠이 들었습니다.

병원에 며칠 입원해 있는 동안 동진이는 맨홀 뚜껑이 동그란 이유에 대해 가끔씩 생각했습니다. 학교에서 친구들이 문병 왔을 때도 친구들에게 물었습니다.

"야, 어떤 아저씨들이 맨홀 뚜껑을 굴리면서 가는 거 봤어."

짝인 정은이가 대답했습니다.

"그래, 맞아. 그거야. 동그래야만 굴려서 옮길 수 있잖아. 맨홀 뚜껑이 무척 무거우니까 말이야."

동진이는 답을 너무 쉽게 알아서 신이 났습니다.

다음 날 아침, 의사 선생님이 회진을 돌 때 동진이가 말했습니다.

"선생님, 알았어요."

"뭘 알아?"

"맨홀 뚜껑이 동그란 건요, 운반하기 좋아서예요."

"운반?"

"네, 굴렁쇠 굴리는 것처럼 굴리기 좋잖아요. 그래서 동그란 거예요. 맞았죠? 맞혔으니까 상 주세요."

"하하, 그래서 맨홀 뚜껑이 동그랗다고? 땡! 요즘 누가 맨홀 뚜껑을 굴려서 운반하니?"

"예?"

"요즘은 다 지게차로 들어서 날라. 그렇게 무거운 맨홀 뚜껑을 굴리다가 잘못해서 너처럼 사람이 다치면 어쩌라고?"

"어, 그게……."

"답이 틀렸으니까 다시 생각해 보세요. 운반하기 좋으려면 네모난 게 훨씬 좋지 않을까? 상자에 차곡차곡 담을 수도 있고……."

"그, 그렇네요."

선생님은 간이침대에서 자느라 피곤해 얼굴이 푸석푸석한 엄마에게 말했습니다.

"내일은 퇴원해도 될 것 같아요. 깁스는 풀지 말고 데려가세요."

"고맙습니다, 선생님."

집에 갈 수 있다는 소리를 들었지만 동진이는 맨홀 뚜껑 때문에 또다시 머리가 복잡했습니다. 굴리는 게 아니라면 무슨 이유로 맨홀 뚜껑을 동그랗게 만들었을까요?

"아, 머리에 쥐가 나는 거 같아. 왜 맨홀 뚜껑이 동그랗지? 엄마 정말 몰라요?"

"몰라. 엄마 학교 다닐 때 수학 빵점이었어. 딴 생각 말고 다리나 빨리 나을 생각해."

엄마는 며칠 동안 동진이를 간호하느라 지치고 짜증이 났습니다.

"피, 모르면 말지. 왜 무섭게 화를 내세요?"

결국 다음 날 동진이는 부기가 가라앉아 깁스를 하고 퇴원할 때까지 답을 알아내지 못했습니다.

목발을 짚고 집으로 돌아온 동진이는 갑자기 장애인이 된 것 같아 기분이 이상했지만, 목발 짚고 걷는 것은 특이한 경험이라고 생각했습니다.

2주 뒤 엑스레이를 찍으러 병원에 다시 갔을 때 동진이는 자신 없는 목소리로 말했습니다.

"선생님, 혹시 맨홀 뚜껑을 예쁘게 하려고 동그랗게 만든 건 아닐까요?"

"그렇다면 동그란 것보다 별이나 하트 모양이 더 예쁘지 않니?"

"……"

동진이는 다시 풀이 죽었습니다. 선생님 말이 맞았기 때문입니다.

"예쁜 거는 맨홀 뚜껑을 만드는 기준이 아닌 것 같지?"

"네."

"그럼 다시 생각해 봐."

사방팔방에 물어보았지만 속 시원히 대답해 주는 사람이 없었습니다. 동진이는 학교 선생님에게도 물어보았습니다.

"선생님, 맨홀 뚜껑이 왜 동그랗죠?"

"글쎄, 선생님도 잘 모르겠는데……."

담임 선생님은 모르는 것은 모른다고 말하는 시원시원한 성격이었습니다.

"아, 정말 미치겠다. 왜 맨홀 뚜껑이 동그란 거야?"

동진이는 이제 길에서 아는 사람을 만나면 물어볼 정도까지 되었습니다.

"맨홀 뚜껑이 왜 동그래요?"

"야야, 알게 뭐야? 원래부터 동그란 거야."

아파트 경비 아저씨가 퉁명스럽게 대답했습니다.

아무도 정답을 말해 주지 않으니 스스로 알아내는 수밖에 없었습니다.

'가만있어 봐. 맨홀 뚜껑만 동그란 게 아니라 동전도 동그랗고, 파이프도 동그랗고, 왜 다 동그랗지?'

갑자기 맨홀 뚜껑을 통해 세상을 보니 동그란 것이 참 많다는 사실을 알게 되었습니다. 그러자 더욱더 이 문제를 풀고 싶었습니다. 하지만 해답을 찾을 길이 없었습니다.

그날 저녁 동진이는 텔레비전 뉴스에서 길거리의 시설물을 뜯어 가는 범죄 현장을 보았습니다.

"최근 들어 길가의 맨홀 뚜껑이나 가드레일, 또는 도로 교통 표지판을 뜯어 가는 사람들이 많이 생겼습니다. 원자재 값이 오르면서 옛날보다 돈을 더 많이 받을 수 있기 때문입니다. 관계 당국은 좀 더 철저히 순찰과 범인 검거에 신경 써야 할 것입니다."

기자의 보도를 들은 동진이는 갑자기 이런 생각이 들었습니다.

'혹시 맨홀 뚜껑이 돈 때문에 동그란가? 그런데 돈하고 맨홀 뚜껑하고 무슨 상관이지?'

동진이가 엄마에게 물었습니다.

"엄마, 고물상에 쇠를 가져가면 비싼 값에 쳐줘요?"

"그럼. 고물상에 가져가면 돈을 받을 수 있지. 옛날에 어렸을 때 엄마는 철근 조각을 주워 엿과 바꿔 먹었단다."

"아 참, 철근도 동그랗지."

답은 찾지 못했는데 또 동그란 물건만 머릿속에 떠올랐습니다.

"안 되겠다. 맨홀 뚜껑이 얼마나 큰지 한번 재 봐야지."

동진이는 밖으로 나가 줄자로 길바닥의 맨홀 뚜껑을 재 보았습니다. 종류가 여러 가지였지만 대부분 지름이 60센티미터쯤이었습니다. 인터넷을 검색해 보니 그 정도가 사람이 드나들며 일을 할 수 있는 최소 공간이었습니다.

'그러면 맨홀 뚜껑의 면적은 어떻게 되지?'

동진이는 원의 면적을 계산해 보았습니다.

"반지름에 반지름 곱하기, 3.14를 다시 곱하면……."

동진이는 집에 가서 계산을 했습니다.

$30 \times 30 \times 3.14 = 2826$

맨홀 뚜껑의 면적은 2826제곱센티미터였습니다.

"만약 가로 세로 60센티미터인 정사각형 맨홀 뚜껑을 만들면 어떻게 되지?"

$60 \times 60 = 3600$

사각형의 맨홀 뚜껑은 엄청난 면적이 나왔습니다. 동진이는 육각형으로 맨홀 뚜껑을 그려 보았습니다. 눈으로 봐도 육각형 면적은 사각형보다 작았지만 원보다는 컸습니다. 팔각형을 만드니 훨씬 더 면적이 작아졌지만 역시 원보다는 컸습니다.

이것을 보고 동진이는 문득 깨달았습니다.

"맞아. 가장 적은 쇠를 가지고 60센티미터짜리 물건을 통과시킬 수 있는 건 바로 원형뿐이야. 내가 왜 이걸 몰랐지? 야호!"

드디어 깁스를 푸는 날, 동진이는 병원에 가서 엑스레이를 찍었습니다. 뼈가 부러져 생긴 금이 아직 하얗게 보였지만 의사 선생님은 이렇게 말했습니다.

"거의 붙은 거나 마찬가지예요. 이제 물리 치료를 받으면 됩니다."

"네, 고맙습니다, 선생님."

동진이 엄마는 기뻐했습니다.

"한 번 부러진 곳은 다시는 부러지지 않습니다. 더 강하게 붙으니까요. 그래도 동진이, 너는 앞으로 자전거 탈 때 조심해야 한다."

"선생님, 선물 안 주세요?"

"무슨 선물?"

"저, 맨홀 뚜껑이 왜 동그란지 알았어요. 60센티미터 기준을 지키면서 가장 경제적인 모양이 바로 원이기 때문이에요."

"어, 그래. 맞았다. 어떻게 알았지?"

"제가 생각하고 또 생각해서 알아냈어요."

의사 선생님의 얼굴이 환해졌습니다.

"그래, 그게 바로 수학을 공부하는 재미야. 수학을 공부하면 원리를 알게 된단다. 그 덕에 생각을 많이 했구나."

"네. 머리가 터지는 줄 알았어요."

동진이가 머리를 흔들며 대답했습니다.

"그래, 수학을 공부하면 머리가 좋아지지. 규칙을 알면 세상을 더 깊이 있게 보게 되어 어른이 되어서도 도움이 된단다."

그날 오후 동진이는 아빠가 집 짓는 곳에 갔습니다. 한 달 사이에 집은 거의 다 지어졌습니다.

"아빠, 저 빗물받이 홈통은 왜 사각형이에요? 원형이라야지요."

공사 현장에 가자마자 동진이가 처마에 붙은 빗물 홈통을 보고 아는 체를 했습니다.

"원형?"

"그래야 훨씬 경제적이에요. 동그란 게 가장 적은 재료로 넓은 면적을 만들 수 있어요."

"하하하하!"

아빠가 큰 소리로 웃었습니다.

"이 녀석아, 우리 집에는 네모 모양이 훨씬 잘 어울려. 이 집의 기준은 아름다움이기 때문에 네모난 것으로 했어. 만약 경제성으로 따진다면 동그란 걸 해야겠지만 기준을 무엇에 두느냐에 따라 얼마든지 다른 걸 선택할 수 있어."

"동그란 게 면적이 크고 더 경제적인데……. 문도 동그라면 좋은데……. 집도 동그랗게 지으면 재료가 훨씬 적게 드는데……."

"이 녀석! 동그란 얘기 그만 하고 자장면 시켰으니까 와서 먹기나 해."

아빠가 웃으며 말했습니다.

이유는 알 수 없지만 다리를 다친 후부터 동진이가 훨씬 더 어른스러워지고 진지해진 것 같았기 때문입니다.

동진이는 의사 선생님에게 상으로 받은 책을 펼치며 집 안으로 들어갔습니다. 《재미있는 수학의 세계》라는 제목의 그 책은 의사 선생님 동생인, 수학 선생님이 썼다고 합니다. 책장을 펼친 동진이의 눈앞에 '수학'이라는 어마어마한 세계가 열리고 있었습니다.

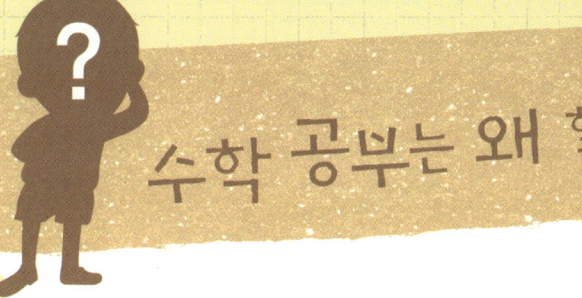
수학 공부는 왜 할까?

비판 정신과 사고력 기르기

수학은 우리가 이 세상을 이해하는 데 도움을 줍니다. 별과 별 사이의 거리, 건물의 높이, 물의 깊이, 물건을 만드는 데 드는 재료의 양 등을 수학으로 계산할 수 있지요.

수학은 기준을 세우는 학문입니다. 이야기에 나오는 동진이가 맨홀 뚜껑이 둥근 이유를 알기 위해 여러 가지 기준을 세워 답을 구한 것처럼 말입니다. 지식 교육을 넘어서 삶을 가꾸는 교육이 되려면 수학은 단순히 계산 문제를 푸는 것이 아니라 기준을 세우는 학문이라는 점을 반드시 알아야 합니다.

기준을 세우는 일은 자기 삶의 중심을 잡는 것이기도 합니다. 만약 동진이가 집을 짓는다면 동그란 홈통을 썼을 것입니다. 경제적이니까요. 하지만 아빠는 그것을 알면서도 네모난 홈통을 썼습니다. 아버지의 기준은 아름다움이기 때문입니다. 이렇게 두 사람의 가치 기준이 달라지는 것을 수학을 통해 이해할 수 있습니다.

그리고 수학은 비판 정신을 가지게 합니다. 평소 무심히 지나쳤던 사물들을 정확하게 다시 보게 하고, 문제가 있으면 해결하게 해 줍니다. 이야기에 나오는 동진이가 맨홀 뚜껑이 둥근 이유를 찾아내려는 것도 바로 비판 정신 때문입니다. 뿐만 아니라 집중력을 높이고 끈기를 기를 수 있도록 도와주지요.

　수학은 논리적 사고력을 기르는 데도 좋습니다. 처음에는 구체물을 통해서 직접 조작해 보고 그 다음에는 반구체물로 생각하는 과정을 거치며, 아이들 스스로 머릿속으로 생각하며 문제의 답을 구할 수 있습니다. 아이들은 수학 공부를 통해 비판 정신, 논리적 사고력, 집중력을 기름으로써 지적으로 많이 성장할 것입니다.

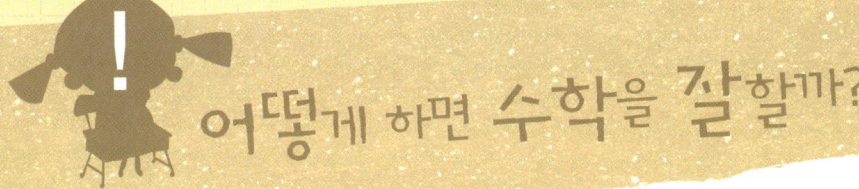

어떻게 하면 수학을 잘할까?

첫째, 먼저 **수학을 사랑해야 합니다.** 수학을 무조건 멀리하지 말고 관심과 애정을 가지려고 노력해야 합니다.

둘째, 수학은 기초가 중요합니다. 만약 **수학 실력이 부족하면 기초부터 다시 공부합니다.** 우리나라의 유명한 수학자 한 분은 초등학교 수학부터 다시 공부했다고 합니다. 그렇다고 부끄러워할 필요는 없습니다. 집을 짓다가 기초가 흔들리면 다시 허물고 새로 짓습니다. 쉬운 과정부터 차근차근 다시 공부하세요. 한번 공부한 것이기에 시간이 많이 걸리지 않습니다.

셋째, 학교 수업에 따라 **예습과 복습을 차근차근 합니다.** 수업시간에 집중해서 문제를 풀고, 집에 돌아와 복습한 뒤 내일 배울 내용을 예습하는 버릇을 들이면 수학 성적은 저절로 올라갑니다. 이때 많은 양을 한꺼번에 하지 말고 매일매일 복습하는 것이 중요합니다. 그 단원에 대해서 아는 것을 모두 써 보는 것도 방법입니다. 교재는 교과서를 집중적으로, 자신의 단계에 맞는 쉬운 학습지부터 시작하세요. 수학도 같은 책을 여러번 반복해서 풀어보는 것이 효과적입니다.

마지막으로, 수학도 일종의 약속이기 때문에 **공식과 부호가 의미하는 바를 반드시 외워야 합니다.** 때때로 풀이 과정 자체를 외워 버리는 것도 큰 도움이 됩니다. 하지만 공식을 기계적으로 외우면 응용문제를 풀지 못합니다. 시간이 걸리더라도 답을 구하는 단계마다 이유를 생각하고 또 다른 방법이 없는지 생각해 보세요.

"선생님이 말해요!"

1. 수학 일기를 써 봅니다. 그날 배운 내용을 생각하며 그 원리가 나온 과정을 쓰고 선생님처럼 자기 자신에게 소리 내어 가르칩니다.
2. 다양한 수학적 개념과 정의, 그 성질이 나오게 된 배경을 찾아봅니다.
3. 수학 공식을 보고 이 공식을 설명하는 문장을 만들어 봅니다. 또한 학습한 공식을 문장으로 써 봅니다.

과학 공부를 위한 동화 _ 고수산나
중력을 이겨라!

"지호야, 학원 가야지. 아직도 컴퓨터 게임만 하고 있으면 어떡해?"

형 영호가 학교에 다녀오자마자 동생 지호의 학원 가방을 챙겨 듭니다.

"조금만 더 있다가 갈 거야."

"지금 안 나가면 학원 버스 놓친단 말이야."

영호가 컴퓨터 모니터를 꺼 버렸습니다.

"형이 엄마라도 돼? 엄마처럼 잔소리만 하고."

"책가방은 아무렇게나 던져 놓고. 이러면 엄마가 얼마나 힘드시겠어? 그런데 너 신발주머니는 어쨌어?"

"없어졌어."

"또 잃어버렸어? 지난번에도 잃어버려서 산 지 얼마 안 됐잖아. 너 왜 그래?"

"몰라, 몰라. 나는 만날 뭐 잘 잃어버리고 말 안 듣고 그러잖아. 형은 착하고 공부도 잘하니까 엄마랑 아빠가 예뻐했고……. 나는 정말 형이 싫어."

지호는 영호한테 있는 대로 짜증을 내며 학원 가방을 낚아챘습니다.

"너, 형한테 한 대 맞을래?"

"흥, 때리면 누가 무섭대?"

말은 그렇게 해 놓고, 지호는 형한테 꿀밤이라도 맞을까 봐 신발도 제대로 신지 않고 현관문을 나섭니다.

"어휴, 저 녀석. 요즘 왜 저렇게 삐딱하지?"

영호는 그제야 메고 있던 책가방을 내려놓았습니다. 지호가 왜 저렇게 형의 말을 듣지 않게 되었는지, 사실 영호도 알고 있습니다.

아버지가 갑자기 교통사고로 돌아가시기 전에는 둘이서 장난도 잘 치고 형 말도 잘 듣는 지호였습니다. 아버지가 돌아가신 뒤, 지호는 한동안 말수가 없어졌고 작은 일에도 세 살 위인 형한테 대들었습니다.

　간호사인 엄마가 보건소에 나가기 시작한 뒤로 지호를 챙기는 일은 영호의 몫이 되었습니다. 5학년인 영호도 지호만큼이나 엄마의 잔소리를 싫어했지만 엄마 몫을 대신하다 보니 잔소리를 하지 않을 수가 없었지요.

　학원에 가기 싫은 것은 영호도 마찬가지였습니다. 하지만 영호가 학원에 가지 않으면 엄마가 걱정할 테고, 동생 지호도 덩달아 가지 않겠다고 할 것입니다.

　며칠 뒤, 영호가 학교에서 돌아왔을 때 지호는 작은 화분에 무언가를 심고 있었습니다.

　"너, 뭐 하니?"

　"내 짝이 줬어. 풍선덩굴이래."

　영호는 지호 손에 올려져 있는 씨앗을 흘끔 쳐다보았습니다. 까맣고 동그란 씨앗에 하얀색 하트 무늬가 새겨져 있었습니다.

　"와, 씨앗에 하트 무늬가 있네. 정말 신기하다."

　지호는 형이 만지려고 하자 얼른 화분 속에 씨앗을 꾹 묻었습니다.

　"지호야, 그렇게 깊이 묻으면 싹이 나지 않아. 싹이 흙을 밀치고 올라와야 하는데 화분 한가운데에 심으면 너무 깊어서 싹이 나기 힘들어."

"치, 잘난 척은. 과학 공부 잘하면 다야? 형만 뭐든지 다 잘하는 줄 알아? 나도 잘할 수 있어."

지호는 영호가 보란 듯이 씨앗 위에 흙을 덮어 버렸습니다.

"그래, 고집쟁이 녀석아! 네 마음대로 해라."

영호가 책가방을 들고 방으로 들어가 버렸습니다.

지호는 형이 들어간 쪽을 흘끔 보더니 슬그머니 흙을 다시 팠습니다.

'맞아. 어린 싹이 무슨 힘이 있어서 이 무거운 흙을 밀어내고 올라오겠어?'

지호는 다시 씨앗을 얕게 묻고 물을 주었습니다.

다음 날부터 지호는 학교에 다녀오면 가장 먼저 베란다로 달려가 화분을 살펴보았습니다.

"아직도 싹이 안 났네."

그렇게 일주일이 지나자 지호는 조바심이 생겼습니다.

영호가 쪼그리고 앉아 화분을 쳐다보고 있는 지호를 보고 말했습니다.

"형이 그랬잖아. 너무 깊이 심었다고."

"아니야. 형 말대로 다시…… 얕게 심었단 말이야."

"그랬어?"

영호가 씩 웃으며 지호 옆에 나란히 앉았습니다.

"형, 흙을 한번 파 볼까? 씨앗이 썩었을지도 모르잖아."

"조금만 더 기다려 보자. 씨앗이 중력을 이겨 내고 올라오려면 얼마나 힘들겠니?"

"중력을 이겨 내다니?"

"중력이란 지구가 끌어당기는 힘이야. 사람도, 씨앗도 모두 지구 중심으로 잡아당기지. 씨앗은 그 중력을 이겨 내고 흙을 뚫고 올라와야 싹을 낼 수 있어."

지호가 고개를 끄덕였습니다.

"지호야, 화분을 햇빛이 잘 드는 곳으로 시간마다 옮겨 놓자. 그러면 더 잘 자랄 거야."

영호가 화분을 살짝 옆으로 옮겼습니다. 지난번에는 씨앗에 손도 대지 말라고 하더니 이번에는 웬일인지 잠자코 있었습니다.

"그런데 형, 중력이 있는 건 어떻게 알았어?"

"과학 책에서 읽었어. 뉴턴이라는 과학자가 알아냈대. 사과나무 아래에 앉아 있는데 사과 하나가 툭 떨어진 거야. 그걸 보고 '아, 지구가 사과를 잡아당기는구나.' 하고 깨달았지."

"와! 나 같으면 그냥 사과를 먹어 버렸을 텐데……."
영호는 지호를 보고 씩 웃었습니다.

일주일 뒤였습니다.
"영호야, 우리 한 시간만 축구하다 가자."
학교 수업이 끝나자 친구들이 영호를 붙잡았습니다.

"안 돼! 나 집에 가서 동생 챙겨 줘야 해. 엄마가 안 계셔서 내가 간식 주고 학원 보내야 하거든."

영호는 친구들에게 손을 흔들어 보이고 집으로 왔습니다.

아파트 입구 앞 화단에 지호가 책가방을 멘 채 앉아 있었습니다.

"지호야, 집에 안 들어가고 왜 여기 앉아 있어?"

"엘리베이터가 고장 났대. 한 시간 넘게 기다려야 한다고 해서 그냥 여기 앉아 있었어."

"그냥 걸어서 올라가면 되잖아."

"15층까지 올라가려면 힘들단 말이야. 청소 시간에 청소 안 했다고 우리 반 남자 아이들 모두 벌 받았어. 오리걸음으로 운동장 한 바퀴 돌아서 다리 아프단 말이야."

지호는 주먹으로 가만히 종아리를 두들겼습니다.

"엄마가 너 좋아하는 찐 고구마 먹으랬는데. 배 안 고파?"

"정말? 그럼 그냥 올라갈까?"

지호는 학원 가방을 들고 형을 따라 계단을 올랐습니다. 올라갈수록 지호와 영호의 숨소리가 커졌습니다.

10층까지 올라가자 지호는 땀을 뻘뻘 흘리며 계단에 주저앉았습니다.

"다리 아파. 좀 쉬었다 갈래."

"그래."

영호도 가방을 내려놓고 계단 난간을 붙잡고 섰습니다.

"지호야, 왜 계단을 내려가는 것보다 올라가는 게 더 힘든 줄 알아?"

"원래 올라가는 게 더 힘들잖아. 산에 올라가는 것도 그렇고."

"올라가는 건 중력과 반대 방향이니까 그런 거야. 나를 잡아당기는 중력의 힘을 이겨 내야 하니까 힘들지."

"그럼 계단을 못 올라가게 지구가 나를 잡아당기고 있단 말이야?"

"그렇다니까. 우리는 10층까지 지구가 잡아당기는 걸 이기고 올라온 거야."

영호의 말을 들은 지호는 벌떡 일어서서 엉덩이를 털었습니다.

"내가 지구를 이길 거야."

지호는 다시 씩씩하게 계단을 올랐습니다. 집에 들어가자마자 두 사람은 맛있게 고구마를 먹었습니다. 계단을 오르느라 힘이 들어서 배가 많이 고팠거든요.

잠시 뒤, 화분에 물을 주러 간 지호가 기뻐서 소리쳤습니다.

"형, 싹이 났어! 죽은 게 아니었나 봐."

영호가 달려가 보니 정말 싹이 나 있었습니다.

"와, 풍선덩굴 씨앗이 정말 씩씩하네. 얘도 우리처럼 중력을 이겼어."

영호와 지호는 흙이 묻은 채 돋아난 푸른 싹을 한참 동안 바라보았습니다.

"계속 쑥쑥 잘 자라라."

지호가 싹에 물을 촉촉하게 뿌려 주었습니다.

늦게 싹을 틔워 미안했던지 풍선덩굴은 잘 자랐습니다. 가늘고 긴 줄기가 하루가 다르게 쭉쭉 뻗어 갔습니다.

늘 영호의 말에 삐딱하게 대답하고, 풍선덩굴도 만지지 못하게 하던 지호는 이제 영호에게 먼저 말을 걸었습니다.

"형, 화분 밑으로 줄기가 처졌어."

"줄기가 타고 올라갈 수 있도록 나무젓가락을 세워 주자."

지호는 이제 날마다 영호에게 풍선덩굴 이야기를 했습니다.

"줄기가 손 같아. 나무젓가락을 껴안고 올라가잖아."

풍선덩굴은 줄기에서 돌돌 말린 작은 덩굴손이 나와 가지가 되었습니다. 서로 줄기를 감기도 하며 위로 오르고, 줄기 끝에는 자꾸만 작은 잎이 생겨났습니다.

"형, 나무젓가락으로는 안 되겠어. 키가 훌쩍 커 버렸다고."

영호는 풍선덩굴 덕분에 지호가 자기와 이야기를 많이 하자 기분이 좋았습니다. 영호와 지호는 세탁소에서 준 옷걸이를 길게 펴서 일자로 만들어 화분에 꽂았습니다.

"정말 잘 올라간다."

"와, 풍선덩굴이 너보다 더 키가 커."

영호가 지호와 풍선덩굴의 키를 대 보며 말했습니다.

"민지가 그러는데, 자기네 풍선덩굴은 벌써 열매를 맺기 시작했대. 그런데 열매가 정말 바람이 든 풍선처럼 생겼다는 거야. 그래서 이름이 풍선덩굴인가 봐."

"우리 풍선덩굴도 곧 꽃이 피고 열매가 맺힐 거야. 네가 잘 돌봐 주고 있잖아."

영호는 쑥쑥 잘 자라는 풍선덩굴이 참 신기했습니다. 가느다란 줄기는 옷걸이로 만든 버팀대를 빙빙 감고 잘도 올라갔습니다.

"형, 줄기가 이렇게 가느다란데 어디서 힘이 날까? 중력을 이겨 내고 올라가는 힘 말이야."

"지구는 작은 것은 작은 힘으로, 큰 것은 큰 힘으로 잡아당겨. 풍선덩굴 줄기가 지금보다 훨씬 굵고 무겁다면 이렇게 많이 감고 올라가지 못했을 거야."

지호는 대답 대신 가만히 고개를 끄덕이며 한참 동안 풍선덩굴을 쳐다보았습니다.

"참, 내가 병준이한테 풍선덩굴 키운다고 얘기했더니 나중에 자기한테도 씨앗을 달래. 그 대신 병준이가 나한테 장수풍뎅이 애벌레를 준다고 했어. 병준이는 장수풍뎅이를 키우거든. 새끼를 낳아서 풍뎅이가 집에 가득 찼대. 새끼들을 나누어 주거나 집을 따로 마련해야 한다나 봐."

지호는 장수풍뎅이를 키우고 싶은 모양이었습니다.

"엄마한테 허락받고 키워야지. 엄마는 벌레를 무척 싫어하시잖아."

"맞아. 그럼 먼저 하루만 보여 달라고 해야지."

다음 날 지호는 병준이에게서 장수풍뎅이를 잠깐 빌려 왔습니다. 파란 지붕이 달린 투명한 플라스틱 통에는 둥치와 함께 장수풍뎅이와 애벌레들이 들어 있었습니다.

장수풍뎅이 한 마리가 젤리를 열심히 빨아 먹고 있었습니다.

"와, 애벌레가 생각보다 크네."

영호가 지붕 뚜껑을 열고 신기해하며 들여다보았습니다.

몸을 돌돌 말고 있는 흰 애벌레는 꼭 잠을 자는 것 같았습니다.

"한 마리만 꺼내 보자."

영호가 장수풍뎅이 집에 손을 넣으려고 했습니다.

"안 돼. 병준이가 절대로 꺼내지 말랬어. 자꾸 꺼냈다 넣었다

하면 스트레스 받아서 죽는대."

"잠깐인데 어때?"

"안 된다니까. 장수풍뎅이가 아프거나 죽으면 형이 책임질 거야?"

지호는 파란 지붕 뚜껑을 손에 들었습니다. 그러고는 장수풍뎅이 집을 팔에 끼고 소파 위로 올라갔습니다. 전에는 풍선덩굴 화분을 가지고 그러더니 이번에는 장수풍뎅이를 자기 보물처럼 생각합니다.

"알았어. 손 안 댈 테니까 밖에서라도 좀 보자."

"싫어. 나만 볼 거야."

'자식, 또 까다롭게 구네. 풍선덩굴 때문에 마음이 다 풀어졌나 했더니.'

영호는 벌떡 일어나 냉장고 안에서 물을 꺼내 마셨습니다.

잠시 뒤 '우당탕탕!' 하고 지호가 넘어지는 소리가 났습니다.

"아얏!"

"무슨 일이야?"

영호가 다시 거실로 달려왔을 때 장수풍뎅이 집에서 쏟아져 나온 톱밥들이 소파와 바닥에 흩어져 있었습니다. 아마도 지호가 까불다가 넘어진 모양입니다.

지호는 아픈 무릎을 쓱쓱 문지르며 플라스틱 통에 장수풍뎅이와 톱밥을 담았습니다. 영호도 톱밥 쓸어 담는 것을 도와주었습니다.

"어떡해. 장수풍뎅이 한 마리가 없어졌어."

톱밥을 다 치우고 소파 아래와 거실 바닥을 살펴보았지만 장수풍뎅이는 보이지 않았습니다. 지호는 걱정이 되었습니다.

영호는 소파 위로 올라가 구석진 곳을 살펴보았습니다. 소파 옆에 있는 플라스틱 옷상자 주변도 살펴보았습니다.

"찾았다!"

영호가 소리치자 지호가 고개를 들었습니다.

"정말?"

장수풍뎅이는 플라스틱 옷상자 뒤쪽에 떨어져 있었습니다. 놀란 장수풍뎅이는 조금 들려 있는 옷상자의 밑 부분으로 기어 들어갔습니다.

"장수풍뎅이가 옷상자 밑 부분의 빈틈에 숨어 있어. 옷상자를 들어야 장수풍뎅이를 꺼낼 수 있을 것 같은데."

지호는 벽에 얼굴을 대고 옷상자 바닥을 들여다보았습니다.

"옷상자가 무거운데 어떻게 들어. 우리 둘이 해도 못 들 거야. 엄마는 들 수 있을까? 이럴 때 아빠가 있으면 좋을텐데."

지호는 안타까워 발을 동동 굴렀습니다.

"4시까지 갖다 주기로 했는데. 병준이가 화를 낼지도 몰라. 자기 누나 거라서 절대 안 된다고 했는데 내가 떼를 써서 가져온 거란 말이야."

지호는 벌써 눈물이 글썽글썽해졌습니다.

영호는 집 안을 둘러보았습니다. 그러고는 냉장고 옆에 세워 둔 청소 봉을 집어 들었습니다.

"우리 힘으로 들 수 없을 만큼 무거운 것을 들어 올릴 방법이 있어. 도구를 이용해 중력을 이기는 거야."

영호는 봉의 한쪽 끝을 옷상자 밑에 집어넣었습니다. 그리고 안방으로 가서 엄마가 쓰는 나무 필통을 가져와 막대기 아래에 받침대로 놓았습니다.

"지호야, 내가 옷상자를 들어 올릴 테니까 네가 얼른 장수풍뎅이를 집어, 알았지?"

"형이 어떻게 무거운 옷상자를 들어?"

"지렛대의 원리를 이용하면 들 수 있어. 얼른 꺼내."

지호는 잽싸게 옷상자 옆에 쪼그리고 앉아 형을 쳐다보았습니다.

"하나, 둘, 셋!"

영호가 막대기 끝을 세게 누르자 옷상자 한쪽 끝이 들렸습니

다. 지호는 재빨리 손을 집어넣어 장수풍뎅이를 꺼냈습니다.

"꺼냈어! 와, 형 정말 힘세다. 천하장사 같아."

지호는 장수풍뎅이를 플라스틱 통에 넣으면서 활짝 웃었습니다.

"형, 어떻게 한 거야?"

"지렛대를 이용하면 작은 힘으로 큰 물체를 들 수 있지. 시소를 타는 원리와 비슷해. 무거운 친구가 중심 가까이에 앉으면 가벼운 친구가 뒤로 앉아서 균형을 이루잖아."

"형은 정말 아빠처럼 모르는 게 없어. 형, 고마워."

어느새 환한 얼굴이 된 지호가 영호의 머리를 쓰다듬었습니다.

"어쭈, 이 녀석이 건방지게 형한테……."

"헤헤헤!"

그날 저녁, 엄마가 일을 마치고 돌아왔을 때 지호는 수다쟁이처럼 낮에 있었던 일을 늘어놓았습니다.

"우리 지호가 오늘 정말 좋은 경험을 했구나."

엄마가 지호의 머리를 쓰다듬어 주었습니다.

"영호는 과학 공부도 열심히 하고 과학 책도 많이 읽더니 과학자가 다 됐네."

엄마는 영호가 대견하고 든든했습니다. 영호가 아빠의 빈자리를 채워 주려고 애쓴다는 것을 잘 알고 있거든요.

여름 방학이 되어 영호네 가족은 시골 외가댁에 놀러 갔습니다. 깜깜한 밤에 영호와 지호는 모깃불을 피워 놓고 평상에 누워 밤하늘을 바라보았습니다.

"정말 별이 많다. 우리 동네에서는 별을 못 본 것 같은데."

영호와 지호는 한참 동안 아무 말 없이 하늘을 바라보았습니다.

"형, 별은 왜 땅으로 안 떨어져? 별한테는 중력이 안 가?"

중력에 대해 배우더니 지호는 툭하면 중력 타령입니다.

"우리가 보고 있는 별은 엄청나게 멀리 떨어져 있어. 너무 멀기도 하지만 태양처럼 아주 커서 중력의 영향을 거의 받지 않아. 물론 저기 저 달은 가까이에 있고 작아서 중력의 영향을 받아 지구 주위를 돌고 있어……. 달은 원심력으로 튕겨 나가려고 하지만 지구는 중력으로 달을 잡아당겨서, 달은 지구로 떨어지지 않고 자신의 궤도를 유지하며 도는 거야."

영호의 말에 지호는 잘라 놓은 손톱 같은 초승달과 반짝이는 별을 번갈아 보았습니다.

"형, 이렇게 누워 있으니까 아빠 생각난다. 나, 유치원 다닐 땐가 아빠랑 셋이서 텐트 치고 계곡에서 잤잖아. 형도 생각나?"

"그럼 생각나고말고. 아빠가 별 보면서 착한 사람이 죽으면 별이 된다고 하셨잖아."

영호와 지호는 잠깐 동안 하늘을 보았습니다.

"형, 아빠도 별이 됐을까?"

"글쎄, 나도 잘 모르겠어."

영호는 지호가 아빠 이야기를 꺼내자 아빠가 보고 싶어 눈물이 날 것 같았습니다. 하지만 지호 앞에서 눈물을 보이고 싶지 않아 입술을 꼭 깨물었습니다.

"형, 아빠가 돌아가시고 내가 왜 형을 미워한 줄 알아? 나보다 형이 아빠를 더 많이 닮았기 때문이야. 가족사진 보면 꼭 형만 아빠 아들 같다니까."

영호의 깨문 입술이 바르르 떨렸습니다.

"아니야, 엄마가 만날 그러시잖아. 잠버릇이랑 밥 먹는 모습은 너랑 아빠랑 똑같다고."

"그랬나?"

그때 엄마가 다가왔습니다.

"너희들 이제 자야지?"

지호가 팔을 뻗어 엄마를 잡아당겼습니다.

"엄마, 하늘에 떠 있는 별 좀 보세요. 아빠가 저기 있을지도 몰라요. 저는 별을 연구하는 사람이 될 거예요. 그러면 아빠를 찾을지도 모르잖아요. 엄마, 별을 연구하는 사람도 과학자예요?"

엄마는 갑자기 목이 메어서 아무 말도 못했습니다.

"그럼, 천문학자도 과학자지."

영호가 얼른 엄마 대신 대답했습니다.

"형제 과학자라, 정말 멋진걸. 아빠가, 아빠가 너희들을 정말 자랑스럽게 여기실 거야."

엄마는 가만히 눈물을 닦고 아이들 옆에 나란히 누웠습니다.

과학 공부는 왜 할까?

자연의 이치를 깨닫게 하는 씨앗

과학은 이 세상의 모든 원리와 이치를 설명하는 학문입니다. 사람이 어떻게 나고 자라는지, 왜 태양은 빛나는지, 내가 어떻게 자전거나 인라인 스케이트를 탈 수 있는지를 설명해 주지요.

과학은 우리 생활과 동떨어진 것이 아니에요. 우리를 둘러싼 식물과 동물, 하늘과 별 그리고 우리가 이용하는 물건에 대해 알아보는 것이 과학 공부랍니다. 과학을 공부하는 이유는 바로 우리의 생활을 이해하고 더 편리하게 살기 위해서입니다.

이야기에 나오는 영호와 지호처럼 과학을 알면 어려운 일이 생길 때 쉽게 해결할 수 있고, 우리를 둘러싼 모든 것에 대한 호기심을 충족시킬 수 있습니다. 게다가 식물과 동물을 사랑하는 마음까지 생기지요. 아무 생각 없이 꾹 눌러 죽이던 작은 벌레들이 얼마나 많은 재주를 가지고 있는지 알 수 있고, 끝없이 넓은 우주를 보며 내가 얼마나 작은 존재인지 깨달아 겸손함과 너그러운 마음을 가지게 됩니다. 이와 함께 냉철한 판단력과 사고력, 관찰력, 논리력을 기를 수 있습니다.

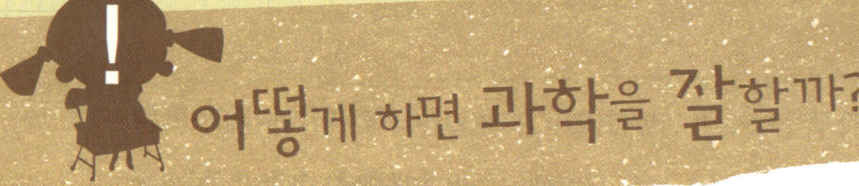
어떻게 하면 과학을 잘할까?

첫째, 주위에서 일어나는 모든 현상에 호기심을 가지세요. 우리 생활에서 일어나는 일을 그냥 지나치지 말고 왜 저런 현상이 일어날까, 왜 이렇게 될까 하는 궁금증을 가지고 생각해 보세요. 그러면 과학적 원리와 이치를 알 수 있어요.

둘째, 실험을 많이 해 보세요. 위험하지 않고 간단한 실험은 집에서도 할 수 있어요. 실험을 해 보면 그 과정과 결과에 대해 쉽게 이해하고 오래 기억할 수 있습니다.

셋째, 식물이나 동물을 키워 보세요. 직접 화분에 씨를 심고 자라는 모습을 보거나 동물을 키워 보면 그 생태를 잘 알 수 있습니다. 관찰 일기를 쓰면 더욱 좋습니다.

넷째, 과학자의 삶을 다룬 위인전을 읽어 보세요. 위인전을 통해 과학자들은 어떻게 과학 공부를 했고 또 어떤 업적을 남겼는지 잘 알 수 있습니다.

다섯째, 자연관찰 학습을 친구들과 함께 많이 해 보세요. 여러 가지 곤충들을 채집해서 관찰해 보고 박물관, 과학관 등을 다니면 많은 것을 직접 보고 느낄 수 있습니다.

여섯째, 과학 공부도 예습과 복습이 중요합니다. 일단 교과서에서 나온 과학적 원리와 상식들을 외울 때까지 되풀이해서 읽어 보세요. 그리고 그런 원리가 나온 까닭을 마치 자신이 과학자가 된 듯 탐구과정을 생각해 봅니다. 그리고 관련된 책을 찾아 읽어 보면 그 원리와 상식은 잊지 않을 거예요.

"선생님이 말해요!"

1. 교과서에 나와 있거나 혹은 간단히 키울 수 있는 식물을 키워 봅니다. 식물을 키우면서 관찰 일지를 쓰고 자신이 키우는 식물에 대해 조사하여 백과사전을 만들어 봅니다.
2. 과학과 관련된 책과 잡지를 정기적으로 읽습니다.
3. 관심 있는 자연 현상, 달의 변화, 구름 등을 매일 관찰하고 기록합니다.
4. 우리나라의 과학과 관련된 지역을 찾아가 봅니다. 천문대를 방문하여 밤하늘의 별을 관찰해 보고 석회 동굴에도 직접 가 봅니다.

사회 공부를 위한 동화_ 김미선
텔레비전에 나온 엄마

오늘도 엄마는 늦게까지 들어오지 않았다. 동생 용수는 양치질하기 싫다고 징징거리다가 잠이 들었다.

엄마가 집에 있지 않을 때면 동생 용수를 돌보는 것은 순전히 내 몫이다. 오후 6시면 어린이집에 가서 용수를 데려오고 전자레인지에 반찬을 데워 저녁을 먹어야 한다. 물론 엄마가 출근하기 전에 준비해 놓은 것들이다.

오늘 저녁 반찬은 용수가 좋아하는 햄 볶음과 오므라이스였다. 그런데도 녀석은 입 안에 숟가락을 넣고 빙빙 돌리면서 밥상머리에서 시간을 질질 끌었다. 숟가락을 이에 대고 긁을 때마다 머리통을 한 대 때리고 싶었지만, 그러다가 울음이 터지기라도 하면 복잡해질 테니까 꾹 참았다.

용수는 간신히 양치질을 하고 요즘 푹 빠져 지내는 메이플스토리 게임을 하다가 잠이 들었다.

나는 텔레비전을 켜 놓고 숙제를 했다. 공부할 때는 집중해야 효과적이라는 것쯤은 알고 있지만, 아무도 없는 밤이면 텔레비전이라도 켜 놓아야 무섭지 않다.

바로 그 순간이었다.

"아니, 엄마잖아!"

텔레비전 화면 속에서 엄마는 머리에 빨간 띠를 두르고 많은 사람들과 함께 서 있었다. 나는 믿을 수가 없어서 눈을 질끈 감았다가 다시 떴다. 아나운서는 비정규직을 반대하는 시위가 S백화점 앞에서 계속되고 있다고 높은 목소리로 말했다. S백화점은 엄마가 다니는 직장이었다.

조금 있다가 엄마한테서 전화가 왔다.

"민수야, 용수 자니?"

"네, 엄마가 텔레비전에 나오셨던데 무슨 일이에요?"

"집에 가서 이야기해 줄게. 조금 있으면 외할머니께서 집에 오실 거야. 오늘은 엄마가 집에 들어갈 형편이 못 되거든. 걱정하지 말고 할머니랑 자라. 사랑해, 우리 아들!"

다음 날 학교에 갔더니 찬우와 함께 있던 아이들이 우르르 몰려들었다.

"야, 너희 엄마 텔레비전에 나왔다면서?"

나는 아이들이 뉴스에 많은 관심을 가지고 있는 줄은 오늘 처음 알았다.

"너희 엄마 그렇게 안 봤는데 이제 다시 봐야겠더라."

찬우가 빈정거리면서 말했다.

"뭘?"

"너희 엄마 대단하시다고."

찬우 말투가 마음에 들지 않았지만 나는 더 이상 이야기하고 싶지 않았다.

"그런데 너희 엄마 왜 데모하는 거니?"

옆에 있던 영진이의 말이 끝나기도 전에 찬우 녀석이 냉큼 말을 받았다.

"월급 많이 달라는 거지."

"네가 뭘 안다고 나서는 거야?"

나는 찬우를 노려보았다.

"너희더얼 그어만 해. 민수가 화났잖아아."

무슨 말을 하려고 하면 몸부터 먼저 흔들리는 영통이가 가뜩이나 더듬거리는 말로 말리고 나섰다.

"벼엉신!"

찬우가 눈을 흘기며 자기 자리로 돌아갔다.

이날 수업 시간에 선생님의 말은 한마디도 들어오지 않았다. '비정규직'이라는 말만 불이 난 것처럼 머릿속에서 휙휙 돌아다녔다.

"내 새끼 공부하느라고 고생 많았지? 오늘은 할미가 맛있는 것 만들어 줄게."

학교에서 돌아왔더니 할머니가 가방을 받아 주었다.

할머니가 부엌에서 일하는 사이, 나는 책상으로 가서 국어사전을 찾았다. 그러나 '비정규직'이라는 단어는 사전에 나와 있지 않았다. 대신 '비정규'라는 단어가 있었고 '정규가 아님'이라는 간단한 뜻풀이만 있었다. 할 수 없이 '정규'의 뜻을 찾아보았다.

1) 정식으로 된 규정이나 규범.
2) 규정에 맞는 정상적인 상태.

짐작해 보면 비정규란 잘못된 규정이거나 잘못된 상태를 말하는 듯했다. 그렇다면 엄마의 직장은 잘못된 직장이라는 뜻인가?

"할머니, 비정규직이 뭐예요?"

동그랑땡을 만들기 위해 양파와 당근을 다지고 있는 할머니 옆에 가서 물었다.

"너희 어미가 그것 때문에 싸우는 것이 아니냐? 할미는 잘 모르겠다만, 똑같이 일을 하고도 돈은 조금 받는 거라고 하더구나. 그런 데다 언제 짤릴지도 모르고. 에고, 너희 어미 형편도 쯧쯧!"

"그럼 엄마가 다니는 직장은 정식 직장이 아니란 말씀인가요?"

엄마는 S백화점에 다니는 것이 다행이라고 여러 번 말했다. 여러 사람과 함께 일할 수 있어서 좋고, 엄마 손으로 직접 돈을 벌어 우리를 키울 수 있는 것이 자랑스럽다고 했다. 건강해야 더 많이 일할 수 있다며 퇴근한 뒤에는 피곤한 몸으로 우리를 데리고 공원으로 운동하러 가기도 했다.

그런데 얼마 전부터 엄마 얼굴이 어두워지기 시작했다. 나보다 먼저 잠드는 날이 많아졌고 코를 심하게 골기도 했다.

"직장이 정식이니 가짜니 하는 것이 어디 있을까? 일하는 것은 다 똑같을 텐데. 궁금하면 외삼촌한테 물어보려무나."

나는 인터넷에 들어가 포털 사이트 국어사전에서 '비정규직'을 검색했다. 거기에서도 사전에 나오지 않는 단어라고 했다. 지식 검색에는 그 단어가 여러 개 올라와 있었지만 하나같이 어렵

고 긴 문장이었다. 짐작으로 알아보려고 해도 할머니가 말씀하신 것과 별로 다르지 않았다. 사람들이 비정규직을 별로 좋아하지 않는다는 것만은 확실했다.

저녁을 먹고 나서 대학생인 막내 외삼촌한테 전화를 걸었다.

"녀석, 많이 컸구나. 사회 문제에 관심을 다 가지고."

관심은 무슨, 나는 텔레비전에 나온 엄마 때문에 혼란스러워졌을 뿐이었다.

"삼촌, 사람들이 비정규직을 싫어하는데, 왜 비정규직이 없어지지 않는지 알려 주세요."

"회사는 이익을 많이 남기려고 하기 때문에 되도록이면 임금을 적게 줘서 이익을 크게 만들려고 하지."

"그렇다면 사장이 나쁜 사람이네요."

"그렇게 쉽게 말할 수는 없어. 지금은 회사들끼리 경쟁이 아주 치열해졌거든. 우리나라 안에서만 경쟁하는 게 아니라 전 세계가 한꺼번에 경쟁하는 세계화 시대가 되었어. 그래서 기업은 더 좋은 물건을 만들어서 앞서 가려고 해. 연구비나 개발비에 많은 돈을 쓰려 하고 직원들의 임금은 최대한 줄이려고 하지. 그렇지 않은 회사도 다른 회사 제품보다 싸게 만들어서 더 많이 팔려고 해. 싸게 만들려면 직원 수를 줄이는 것이 가장 쉬운 방법이고, 그렇지 못한 경우에도 월급을 적게 줄 수 있는 방법을 찾는단다."

삼촌의 설명을 들을수록 나는 더 우울해졌다.

사실 내가 가장 알고 싶은 것은 엄마가 정규직이 될 수 있는가였다. 그런데 내 입에서는 엉뚱한 질문이 나왔다.

"엄마가 꼭 데모를 해야 돼요?"

"글쎄다, 어려운 질문이구나."

삼촌은 잠시 동안 생각에 잠겼다가 다시 말했다.

"이것 한 가지만 이야기해 줄게. '노동권'*이라는 말을 들어 본 적 있니? '노동권'을 지키기 위해서는 '노동 쟁의'*를 할 수 있는 권리가 있단다. 다른 말로 하면, 일을 해서 행복하게 살 수 있는 권리를 지키기 위해서는 데모를 할 수 있는 권리도 있다는 것이지."

내 머리는 점점 더 복잡해졌다.

"한꺼번에 다 알려고 하면 머리가 아플 거야. 앞으로 사회에 대해 관심을 가지고 보면 훨씬 더 이해하기 쉬울 거야. 엄마 일은 엄마가 알아서 하실 테니까 너무 걱정하지 마라."

이날도 엄마는 밤 늦게까지 집에 오지 않았다.

다음 날 점심시간이었다.

선생님이 자리에 있지 않을 때면 이 자리 저 자리로 옮겨 다니면서 밥을 먹는 찬우가 영통이를 또 괴롭히기 시작했다.

"구석에 가서 혼자 먹어. 너 밥 먹는 것 보면 밥맛 떨어진단 말이야. 영통 바보통아."

영통이는 몸이 흔들리거나 뻣뻣하게 굳는 장애가 있어서 섬세한 손 동작이 필요한 행동을 잘하지 못했다. 그래서 글씨도 잘 못 쓰고 밥을 먹을 때는 많이 흘리는 편이었다.

"나, 나, 나한테 바아보오라고 마, 마, 말하지 마아아아아!"

• **노동권** – 근로권이라고도 하며 헌법에 보장된 기본권의 하나다.
•• **노동 쟁의** – 노동자와 자본가 사이에 임금, 노동 시간, 노동 조건 따위에 관한 이해의 대립으로 일어나는 분쟁을 말한다.

화가 난 영통이는 얼굴이 굳어져서 보통 때보다 더 심하게 말을 더듬었다.
"이 바보통아, 민주주의 사회에는 언론의 자유가 있어서 내 마음대로 말하겠다는데 네가 무슨 참견이냐?"
"어, 어, 어, 얼론의 자아유는 그런 것이 아니야아."
"어쭈, 바보통이 아는 척까지 해?"
찬우는 영통이의 머리를 숟가락 끝으로 툭툭 치기까지 했다. 녀석의 비겁한 행동을 더 이상 참아 줄 수 없었다.
"찬우 너 그만두지 못해!"
내가 참다 못해

소리를 질렀다.

"왜 남의 일에 눈을 부라리고 나서? 너네 엄마처럼 투사라도 되겠다는 거냐?"

찬우가 엄마 이야기를 꺼내는 통에 나는 더 흥분하고 말았다. 나는 찬우한테 곧장 달려갔다. 머리로 찬우의 가슴팍을 들이받았는데 이때 녀석의 주먹이 내 얼굴 위로 날아왔다. 불이 번쩍 하는 것 같았지만 별로 아프지 않았다.

"이게 무슨 짓들이냐?"

한참 티격태격하는데 어느새 선생님이 우리 앞에 서 있었다.

"내가 잠깐이라도 자리를 비우면 그새를 못 참는 거냐?"

나는 터진 입술에서, 찬우 녀석은 한쪽 코에서 피가 흐르고 있었다.

보건실에서 치료를 받고 온 찬우와 나는 수업이 끝날 때까지 벌로 벽을 보고 앉아 있어야 했다. 그걸로 끝난 것이 아니었다. 선생님이 전화번호가 적힌 종이를 한 장 주었다.

"여기에 적힌 장애인 단체로 견학을 갔다 오는 것이 너희들의 숙제다. 거기서 배우고 느낀 점을 적어 오도록 해. 서로 다른 친구들과 사이좋게 지내려면 배워야 할 것들이 있거든."

선생님이 적어 준 곳에 전화한 우리는 토요일 오전에 그곳을 방문하기로 했다. 다른 친구들은 '놀토'라고 모처럼 온종일 놀 수 있는 날에 나는 찬우와 아침부터 견학을 가야 하는 신세가 되었다.

우리가 찾아간 '장애인 인권 협회'는 우체국 바로 옆에 있었다. 사무실에는 몸이 불편한 여러 사람들이 일을 하고 있다가 우리를 맞아 주었다.

"어서 와. 기다리고 있었다."

"안녕하세요?"

휠체어를 탄 국장님이 '장애인 권리 협약 해설집'이라고 적힌 책들을 가리키며 말했다.

"너희들, 이것부터 도와줄래? 자료집을 봉투에 넣어서 부치는 일이야."

우리는 영통이 일 때문에 기가 죽어 있었는데 뜻밖에 간단한 일이 주어져서 홀가분했다. 찬우와 나는 먼저 주소 스티커를 봉투에 붙이는 일을 시작했다. 컴퓨터로 주소 목록을 뽑아 준 아저씨는 전동 휠체어에 앉아 일을 했다. 가느다란 손가락에 넓적한 골무를 끼고 있었는데, 불편한 손으로도 자판을 칠 수 있도록 해 주는 보조 기구라고 했다.

우리는 500개가 넘는 봉투 작업을 두 시간 만에 끝마쳤다. 찬우 녀석이 한 번씩 심술을 부리긴 했지만 일을 할 때는 화끈하게 하는 성격이어서 나와 손발이 척척 맞았다. 내가 봉투에 책을 넣으면 찬우는 풀로 붙였다. 마지막에는 완성한 봉투를 상자 속에 가지런히 담았다.

"일을 아주 잘하는걸. 너희들 혹시 '장애인 권리 협약'이라는 말을 들어 본 적 있니?"

우리가 고개를 저었더니 국장님은 웃으면서 책을 한 권씩 나누어 주었다.

"어린이의 인권을 지키기 위해 만들어진 아동 권리 협약이 있다는 건 알고 있지?"

나는 선생님 말을 들어 본 것 같기도 하고 아닌 것 같기도 했다.

"유엔(UN)에서 만든 권리 협약에는 인종 차별, 여성 차별을 하지 못하도록 만든 협약도 있고, 이주 노동자를 위한 권리 보호 협약, 고문을 반대하는 협약 등이 있지. 신분이나 조건 때문에 차별하지 못하도록 만들어진 인권 협약이란다."

"그럼 장애인 권리 협약은 장애인을 차별하지 못하도록 만든 것인가요?"

찬우가 물었다.

"바로 그거야! 지난 몇 년 동안 각 나라 대표와 장애인들이 유엔에 함께 모여서 이 협약을 만들었단다. 사람은 누구나 존중받으면서 인간답게 살 권리가 있잖아? 단지 장애를 가졌다는 이유로 차별해서는 안 된다고 모든 지구 사람들이 약속했지."

우리는 고개를 끄덕였다.

"담임 선생님께 들으니 너희 반은 장애인 친구랑 함께 공부한다면서?"

순간 찬우는 움찔했다.

"그게 차별하지 않고 함께 살아가는 방식이란다. 60년 전만 해도 미국에는 흑인 학교와 백인 학교가 따로 있었지."

"버스나 기차를 탈 때 흑인은 흑인 칸에만 타야 한다는 것은 책에서 읽은 적 있어요."

"사람의 생긴 모습이나 조건을 이유로 그 사람들을 따로 분리시키면 그게 바로 왕따시키고 차별하는 거야."

찬우는 계속 고개를 푹 숙이고 있었다.

"그럼 역사 속에서 어떤 사람들이 차별을 받아 왔는지 찬우가 한번 말해 볼래?"

"장애인들이오. 그리고 흑인도 많은 차별을 받았어요."

"그래, 맞아. 찬우는 아주 잘 알고 있구나."

옛날 여자들은 학교에 가지 못했다는 할머니 말씀이 떠올라 나도 얼른 대답했다.

"여자들이오."

"유대 인이오! 유대 인이 한꺼번에 가스실에서 죽음을 당하는 것을 영화에서 봤어요."

찬우와 나는 마치 경쟁하는 것 같았다.

"훌륭해."

국장님은 빙그레 웃으며 칭찬을 했다.

그때 나는 한 가지 더 말하고 싶은 게 생각나서 찬우를 흘끔 바라보았다. 녀석은 이제 기분이 좋아져 있었다.

"비정규직 근로자도 차별을 받고 있어요."

"오? 민수는 사회 문제에 관심이 많구나."

국장님의 칭찬에 찬우가 고개를 갸웃했다.

"우리 엄마가 비정규직이에요."

"그러니? 민수 엄마뿐 아니라 지금은 비정규직을 가진 사람이 많아져 사회 문제가 되고 있단다. 노동자의 인간답게 살 권리를 위해 인류가 오랫동안 노력해 왔는데 그것이 허물어져서는 안 되거든."

국장님 말씀을 들어 보니 엄마가 왜 고생스럽게 데모를 하는지 조금은 알 수 있을 것 같았다.

"민수야, 인권에 대해 더 공부하고 싶다면 쉬운 책을 하나 빌려줄게. 그 책에는 보통 사람들이 왕이나 귀족의 지배에 맞서 어떻게 자기 권리를 얻어 왔는지 알기 쉽게 나와 있단다. 정리해서 사회 시간에 발표하면 친구들이 좋아할걸?"

"네, 좋아요."

갑자기 내가 어른이라도 된 것처럼 느껴졌다.

국장님은 찬우한테는 다른 책을 주었다.

"이건 장애인이나 노인들이 편하게 다닐 수 있도록 만든 편의 시설에 대한 책이야. 불편한 계단이나 길을 어떻게 고쳐야 할지 조사한 내용도 사진과 함께 실려 있단다."

"사진이 많아서 더 좋아요."

책을 들춰 본 찬우의 말에 모두 웃음을 터뜨렸다.

월요일에 담임 선생님은 우리가 써 온 견학 보고서를 보고 만족해했다.

"내가 가르쳐 줄 때보다 더 많이 배워 왔는걸. 생활 속에서 배워 나가는 것이 정말 훌륭한 사회 공부가 되지. 수고했어!"

"감사합니다, 선생님!"

선생님은 찬우와 내 머리를 쓰다듬어 주고는 다시 물어보았다.

"그런데 너희들 언제 화해했어? 사이좋아 보이는데."

찬우와 나는 마주 보며 씩 웃었다. 장애인 인권 협회 사무실에서 봉투 작업을 할 때 우리는 이미 마음이 통해 있었다.

"내일 오후에는 교실에서 하는 사회 수업 대신 현장 학습을 나가 보면 어떨까?"

선생님의 제안에 아이들은 좋아서 박수를 치고 발까지 쿵쿵 굴렀다.

"다섯 명씩 조를 만들어 학교 옆의 전철역과 도서관, 병원 같은 공공시설에 가서 장애인 편의 시설을 조사한 뒤 그림도 그리고 보고서를 써 보는 거야."

"좋아요!"

아이들은 노래를 부를 때처럼 한목소리로 외쳤다.

그때 찬우가 말했다.

"저는 영통이랑 같은 조 할래요. 영통이랑 함께 다니면 더 잘 알 수 있을 거예요."

찬우의 말에 영통이가 씨익 웃었다. 선생님도 흐뭇한 표정이었다.

나는 저녁에 엄마 어깨를 주물러 드려야겠다고 마음먹었다.

시위를 하고 돌아온 엄마는 곧 좋은 소식이 있을 것 같다며 아침에 손가락으로 V자를 만들어 보였다.

  나는 엄마의 직장이 안정적인 곳이 되기를 바랐다.

사회 공부는 왜 할까?

세상을 이해하는 눈

사회는 사람들이 살아가는 세상과 우리 조상들이 살아온 사회를 배우는 과목입니다. 다양한 사람들이 자신만의 방법으로 살아가기 때문에 우리 사회에는 함께 해결해야 할 문제들이 많이 있습니다. 사회 공부는 이러한 문제를 합리적으로 해결할 수 있는 능력을 키워 줍니다. 우리는 사회 공부를 통해 '왜' 서로 다른 삶의 모습을 가지게 되었는지 생각해 보고, 그곳에 살고 있는 사람들을 이해할 수 있습니다. 뿐만 아니라 우리나라의 과거, 현재, 미래를 되돌아보게 해 주는데 이것이 바로 역사입니다. 역사도 사회의 한 부분으로 사회 공부를 통해 자연스럽게 역사적인 지식도 얻을 수 있습니다.

현대는 빠르게 변하고 있어, 사회에 대한 지식과 이해를 가지고 있을수록 적응하기가 쉬워집니다. 다른 사람을 배려하는 것도 서로 다른 환경을 이해할 수 있어야 가능하지요.

이처럼 사회 공부를 하면 주위 일에 관심을 갖고 올바른 생각을 할 수 있게 됩니다. 그리고 다른 사람들과 더불어 살아갈 수 있는 능력 또한 길러집니다.

어떻게 하면 사회를 잘할 수 있을까?

첫째, 중요한 내용을 이해하려면 교과서에 나오는 제목을 잘 살펴봅니다. 그러면 주제를 놓치지 않고 따라갈 수 있어요.

둘째, 신문이나 뉴스, 다큐멘터리 등을 보는 것이 좋습니다. 처음에는 어렵게 느껴지겠지만 자꾸 보다 보면 왜 그런 일이 생겼는지, 일이 어떻게 진행되었는지를 이해할 수 있어요.

셋째, 지도를 자주 봅니다. 역사적인 사건이 일어난 곳을 지도로 살펴보면 그 사건이 일어난 이유를 더 상세하게 알 수 있습니다. 그리고 현재 주변에서 일어나는 일들과 연결되어 훨씬 더 폭넓게 이해하고 더 오래 기억하게 됩니다.

넷째, 현장 학습, 조사 학습 등을 많이 해 봅니다. 책에서 배웠던 사건을 직접 그 현장에서 봄으로써 더 생생하게 사회 공부를 할 수 있습니다.

우리는 흔히 사회 공부를 외우는 것으로만 생각합니다. 하지만 사회는 이해

하는 것이 훨씬 더 중요한 과목입니다. 사회는 사람들이 살아가는 세상에 대한 이야기이므로, 사람들이 어디에서 어떻게 살았고(사건), 그 때문에(영향) 어떻게 되었는지(결과) 전체적인 흐름을 이해하는 것이 가장 중요해요.

이런 흐름을 이해하면 사회 공부도 재미있는 동화책이나 영화를 볼 때처럼 흥미진진해질 거예요.

"선생님이 말해요!"

1. 신문, 사설, 잡지 등을 자주 읽고 우리 사회에 관심을 가집니다.
2. 역사책, 인물 관련 책을 읽고 관심 있는 역사적 인물과 사건을 조사합니다.
   이를 바탕으로 인물사전, 시대 관련 사건, 사고 사전을 만들어 봅니다.
3. 여러 가지 사회 현상에 대해 친구들과 이야기를 나누어 봅니다.
4. 우리 사회의 문제에 대해 생각해 보고 이를 해결하기 위한 방법을 인터넷, 사전, 책 등을 통해 찾고 그 해결방법을 정리하여 보고서를 작성합니다.

예술 공부를 위한 동화 _ 박민호
잠자리 귀신과 싸개 대장

아무 소리도 없이 무엇인가가 새까맣게 떼 지어 날아왔다. 그것은 잠자리 떼, 아니 잠자리 귀신 떼였다. 문수에게 시달림을 받다가 죽어 귀신이 된 잠자리가 앞장섰다.

"얘들아, 저기다, 저기!"

소리친 잠자리가 가리킨 것은 바로 문수였다. 잠자리 귀신들은 한꺼번에 달려들어 문수 몸에 새까맣게 달라붙었다.

"어, 엄마야! 아, 아, 따가워. 악, 아악……."

문수는 너무 무섭고 아파서 아랫도리가 흥건히 젖는 것도 몰랐다.

벌떡 일어난 문수의 표정이 일그러졌다. 고추를 꼭 잡고 있었지만 이미 때는 늦었다.

"야, 아들! 너 어제 침대 요 빤 거 아니, 모르니?"

문수를 깨우러 온 엄마가 인상을 찌푸리며 소리쳤다.

"아, 알아요. 어, 엄마."

"그걸 아는 아들이 하루 만에 또 세계 지도를 이렇게 크게 그렸니, 응?"

"죄, 죄송해요, 엄마……."

"네가 오줌 쌌을 때 야뇨증이나 다른 나쁜 병에 걸린 줄 알고 온 식구가 얼마나 걱정했는지 아니? 어제 병원에 가서 의사 선생님이 아무 이상 없다고 하신 뒤에야 안심했지만. 그런데 아들, 다 큰 애가 왜 또 싼 거니, 응?"

"……."

"그래, 요새 오냐오냐했더니 너 정신 상태가 문제야! 씻고, 옷 갈아입고 나와!"

문수가 방에서 나오자 엄마가 빈 대접을 내밀었다.

"받아. 은지네 가서 소금 얻어 와!"

"엄마, 제발요. 그 집만 빼고……."

"은지네다!"

빈 대접을 내준 엄마가 검지손가락으로 대문을 가리켰다. 문수

는 같은 반 짝꿍인 은지네 집에 가는 것이 정말 싫었다. 하지만 얼굴이 벌겋게 달아오른 엄마한테 더 이상 변명할 수도 없었다.

빈 대접을 든 문수가 대문을 열려고 할 때였다. 대문이 열리고 약수통을 든 아빠와 작은고모가 들어왔다. 문수의 모습을 본 아빠와 작은고모는 금세 모든 것을 알아차렸다.

"너 정말 싸개 대장 다시 됐냐? 문수야, 너 어제 고모가 뭐라고 했어? 그림은 고모처럼 도화지나 캔버스에 그리는 거라고 했지? 그런데 요가 네 도화지냐? 캔버스냐?"

"흥, 고모는 남의 속도 모르고 놀리지 마요."

"아들, 너 거기서 뭐 해. 어서 가서 소금 얻어 오지 않고!"

엄마의 카랑한 목소리에 깜짝 놀랐는지 큰고모 방에서 나팔 소리가 울려 퍼졌다. '경기병 서곡'이었다. 자명종 시계 대신 엠피스리 플레이어에 저장해 놓은 음악이 큰고모를 깨웠다.

큰고모는 일어나자마자 물 한 컵을 벌컥벌컥 마시고 이내 목을 풀었다.

"아에이오우 아에이오우……."

대학교에서 성악 공부를 하는 큰고모는 아침마다 발성 연습을 했다. 그러나 그 소리는 늘 문수를 깨우는 자명종 시계를 대신했다. 문수는 벌써 귀를 막고 대문을 나섰다.

초등학교 3학년인 문수가 유치원에 다닐 때는 어찌나 잠자리에 오줌을 자주 쌌던지 별명이 '오줌싸개'였다. 그것도 모자라서 문수의 별명은 '싸개 대장'으로 변했고, 밥 먹듯이 가족과 친구들에게 놀림을 당해야 했다. 문수는 병원에 가서 진찰을 받았지만, 그때마다 의사 선생님은 문수 몸에 아무 이상이 없다고 했다. 그래도 문수는 계속 오줌을 쌌고, 그럴 때마다 벌로 빈 대접을 들고 동네 이 집 저 집을 다니면서 소금을 얻어 와야 했다.

"야, 싸개 대장! 넌 지도밖에 그릴 줄 모르냐?"

문수는 오줌을 쌀 때마다 미술 대학교에 갈 준비를 하고 있던 고등학생인 작은고모의 잔소리를 아침밥 대신 배부르게 얻어먹어야 했다. 그 뒤부터 문수는 그림과는 높은 담을 쌓고 말았다. '미술'의 '미'자만 들어도 오금이 저렸다.

문수는 유치원에 다닐 때 미술 시간만 되면 색연필이나 크레파스를 뚝뚝 부러뜨린다던가, 스케치북을 박박 찢으면서 내내 딴짓을 하곤 했다.

문수가 초등학교에 들어가기 몇 달 전이었다. 그날은 토요일이었다. 낯선 아저씨가 아빠와 함께 집에 왔다.

"인사 드려라. 아빠 친구란다."

"안녕하세요. 저는 박문수입니다."

"그래, 문수야. 반갑데이."

인사가 끝난 뒤 아저씨가 눈짓을 했다. 그러자 아빠와 엄마, 두 고모가 문수에게 달려들어 두 손과 두 발을 잡았다.

눈 깜짝할 사이에 벌어진 일이라 문수는 꼼짝달싹할 수가 없었다.

아저씨가 주머니에서 침통을 꺼내 들었다.

"아, 아악!"

아저씨가 문수 몸에 침을 다 꽂자, 문수는 고슴도치처럼 보였다. 대구에서 한약방을 한다는 아저씨에게 침을 맞고 난 뒤 문수의 오줌 싸는 버릇은 신기하게도 싹 없어졌다. 정말 기적 같은 일이었다.

이렇게 해서 문수는 '오줌싸개', '싸개 대장'이라는 계급장을 떼고 3년을 버티어 왔다. 그런데 그 계급장을 다시 달게 된 것이다.

지난주 금요일, 문수는 엄마, 아빠 그리고 두 고모와 함께 안동 할아버지 댁에 제사를 지내러 갔다.

어른들은 제사 음식을 만드느라 바쁘게 움직였다. 그러나 문수는 또래 아이들이 없어서 함께 놀 친구가 없었다.

문수 혼자서 빈둥거리는데 군대에 갔다 온 큰삼촌이 문수를 불렀다.

"자, 받아. 너 혼자 심심할 것 같아서 잡았다. 이거 갖고 놀아."

"와!"

꼬리에 실을 묶은 잠자리 다섯 마리였다.

"조금만 가지고 놀다가 날려 보내 줘라. 알았지?"

"네, 고맙습니다."

문수는 실 끝을 잡고 잠자리를 날리며 신나게 놀았다. 그러다가 실을 놓치는 바람에 두 마리가 날아가 버리고 말았다.

"에이, 이러다가 다 날아가겠네."

느티나무 그늘 밑에 있는 평상을 본 문수는 이상야릇한 표정을 지으면서 고개를 끄덕였다. 그리고는 평상으로 가서 올라앉았다. 평상에는 두꺼운 비닐 장판이 깔려 있었다.

"지금부터 여긴 내 놀이터야!"

이렇게 중얼거린 문수는 잡은 잠자리들의 날개를 모두 떼어 내고 기어 다니게 했다.

"와 헤헤, 와아 헤헤헤……."

문수는 슬금슬금 기어 다니는 잠자리들에게 달리기 시합을 시키기도 했다. 그것을 보면서 손뼉을 치며 좋아했다. 지난번 안동에 왔을 때, 하회탈을 만드는 할아버지와 온 가족이 함께 보았던 탈춤보다 훨씬 더 재미있었다. 그러는 동안 날개 잃은 잠자리들이 픽픽픽 쓰러졌다.

"에이, 한참 재미있었는데……."

문수는 죽은 잠자리들을 텃밭에 던지고 손을 씻었다.

한밤중이 되어서야 제사를 지냈고, 문수네는 토요일에 점심을 먹은 뒤 안동을 떠났다.

그런데 일요일 아침, 방문을 연 엄마가 고개를 갸우뚱했다. 이불을 뒤집어쓴 문수가 침대에서 꼼짝도 하지 않았기 때문이다. 혹시나 하는 생각에 엄마는 이불을 휙 걷어 냈다.

"너, 너!"

엄마는 울상이 된 문수 얼굴과 침대 요를 보고 큰 소리로 문수를 야단쳤다. 그 소리에 신문을 보던 아빠가 문수 방으로 왔다.

"여보, 문수가 안동에 다녀오느라고 피곤했던 모양이니 아침 먹이고 더 재워요."

"피곤이오? 뭘 잘했다고 아침을 먹어요?"

엄마가 아빠에게 눈을 흘겼다.

그렇게 해서 그날은 무사히 넘겼는데 문수는 월요일에 또 오줌을 싼 것이다. 간밤에 또 잠자리 귀신이 꿈에 나타났던 것이다.

침대 요에 큼지막한 세계 지도를 그린 게 오늘이 세 번째다. 빈 대접을 든 문수가 엄마의 명령대로 은지네 집으로 갔다. 문 앞에 선 문수는 은지가 나오면 어쩌나 하고 초인종을 누르지 못했다.
"인석, 소금 얻으러 온 게로구나!"
은지 할아버지 목소리였다.
뒤돌아보니 약수통을 든 할아버지 옆에 짝꿍 은지가 서 있었다.
"어머, 문수야!"
문수를 본 은지가 깜짝 놀랐다.
더 놀란 문수는 얼굴이 화끈거렸다.
"어허, 녀석하고는……. 대접 이리 주고 잠깐만 기다려라."

잠시 뒤, 은지 할아버지가 소금이 담긴 대접을 문수에게 건네주었다.

"문수야, 앞으로 오줌 싸는 그 나쁜 버릇을 고쳐 늠름해져라. 어사 박문수처럼 말이다. 그건 네가 마음먹기에 달린 게다, 알았지?"

"네. 고, 고맙습니다, 할아버지. 안녕히……."

문수는 말꼬리를 흐리며 휙 돌아서서 후닥닥 뛰어 집으로 돌아왔다.

'꼬르륵 꼬르르륵…….'

오줌 싼 벌로 아침을 굶고 학교에 온 문수가 고픈 배를 쓱쓱 문질렀다.

오늘 두 번째 수업 시간은 '미술'이었다. 문수가 그렇게도 싫어하는 미술 시간이었지만 오늘은 달랐다. 짝꿍 은지에게 부끄러운 모습을 보였기 때문이다. 오늘은 뭔가를 멋지게 그려서 은지에게 보여 주고 구겨진 자존심을 되찾고 싶었다.

하지만 워낙 오랫동안 그림을 멀리해 온 문수는 뭘 어떻게 해야 할지 몰랐다. 문수는 은지만 보면 얼굴이 확확 달아올랐다.

"여러분, 그림은 자기 마음과 생각을 도화지에 담는 거예요. 오늘 미술 시간에는 꿈을 이룬 미래의 자기 모습을 그릴 거예요.

그럼 한 사람씩 일어나서 꿈을 이야기해 볼까요?"

"선생님, 저는 책방 주인이 되어 어린이들이 좋은 책을 많이 읽게 도와줄 겁니다."

아빠가 출판사 편집 부장인 경호가 말했다.

"저는 의사가 되어 장애인을 고쳐 줄 거예요."

엄마가 의사인 은지가 말했다.

"선생님!"

명진이가 우렁차게 소리치며 벌떡 일어났다.

"저는 복권 집 주인이 될 거예요. 그리고 날마다 돼지꿈을 꿀 거고요."

별명이 돼지인 명진이의 말에 아이들이 일제히 까르르 웃음보를 터뜨렸다. 얼굴이 빨개진 명진이가 뒷머리를 벅벅 긁으면서 자리에 앉았다.

아이들의 웃음바다가 잔잔해지자 선생님이 말했다.

"여러분은 남의 꿈을 비웃으면 안 돼요. 각자 자기 꿈은 소중하니까요. 알겠죠?"

"네!"

"그럼, 문수 꿈은 뭐지요?"

"저, 저는……."

자리에서 일어난 문수가 머뭇거렸다. 문수의 꿈은 동화 작가가 되는 것이지만, 지금은 오줌 안 싸는 게 꿈이었다. 문수는 그 꿈을 말할 수 없어서 고개를 푹 숙였다.

바로 그때 문수의 머릿속에 할아버지의 말씀이 떠올랐다.

"우리 조상들은 탈을 쓰고 춤을 추면서 나쁜 귀신을 몰아내고, 마을의 평화와 마을 사람들이 병들지 않고 건강하게 오래오래 잘 살게 해 달라고 빌었단다."

작년 겨울 방학 때 안동에 갔을 때, 하회탈을 만드는 할아버지가 탈춤을 보여 준 뒤에 한 말이었다. 그러자 문수에게 멋진 생각이 반짝 떠올랐다.

"선생님, 저는 탈을 만들고 탈춤을 연구하는 학자가 되어 우리 것을 지켜 나갈 거예요."

문수는 비록 꿈은 아니지만 이렇게 말한 자신이 대견했다.

"참 좋은 꿈이네요. 자, 지금부터 여러분의 꿈을 그림으로 그려 보세요. 그렇게 하다 보면 여러분의 마음이 깨끗하게 닦이고 잘 가다듬어져서 아름다운 그림이 되고, 여러분의 꿈은 더 크고 멋지게 자라 꼭 이루어질 거예요. 알았지요?"

"네!"

아이들은 자기 꿈을 스케치북에 크레파스로 그리기 시작했다.

'난 돼지꿈 대신 잠자리의 천적인 두꺼비 꿈을 꿀 거야. 할아버지도 탈은 나쁜 귀신을 몰아내 준다고 하셨어. 두꺼비 탈을 만들어 쓰고 두꺼비 꿈을 꾸면 달려드는 잠자리 귀신을 모두 물리칠 수 있어. 그럼 세계 지도를 더 이상 안 그려도 될 테지? 히히…….'

문수도 스케치북을 폈다. 잘게 찢거나 구겨서 너덜너덜해진 스

케치북에는 쓸 만한 도화지가 딱 한 장 남아 있었다. 크레파스 통을 여니 온통 동강 난 크레파스뿐이었다.

난감한 표정으로 변한 문수 얼굴과 크레파스 통을 번갈아 본 은지가 말했다.

"문수야, 내 크레파스 같이 쓰자."

"어, 그래. 고, 고마워!"

뒷머리를 벅벅 긁고 난 문수는 신이 나서 두꺼비를 그렸다.

두꺼비는 흉측하게 생겼지만 나름대로 문수의 개성이 잘 녹아 있는 그림이었다.

"어머! 문수야, 너 그림을 이렇게 잘 그리면서 그동안 왜 딴 짓만 했니?"

"아침에 네 할아버지께서 그러셨잖아. 다 마음먹기에 달렸다고."

은지는 놀란 표정으로 물었지만 문수는 별것 아니라는 듯 대답했다.

'이걸 가면으로 만들어 쓰고 자면, 히히히······.'

문수는 생각만 해도 저절로 웃음이 나왔다.

마지막 수업은 음악 시간이었다.

"자, 먼저 음악을 듣고 선생님이 설명해 줄게요."

선생님이 시디(CD)를 넣자 스피커에서 음악이 흘러 나왔다. 문수가 음악을 듣고 씨익 웃었다.

"선생님, '경비병 서곡'이네요."

선생님은 깜짝 놀라 문수에게 물었다.

"어머, 그럼 문수가 선생님 대신 이 곡을 설명할 수 있겠어요?"

"네, 선생님. 음…… 이 곡은 오스트리아 작곡가인 주페의 '경기병'이라는 희가극의 시작 곡이에요. 시인 카를 코스터가 쓴 글에 곡을 붙였어요. 이 곡에는 멋진 경기병의 화려한 군대 생활이 담겨 있답니다."

"어머나, 문수야! 대단하구나. 여러분, 우리 문수한테 박수 쳐 줄까요?"

선생님의 말에 입을 쩍 벌린 아이들이 짝짝짝 박수를 쳤다. 짝꿍 은지도 박수를 쳤다.

음악 대학에 다니는 큰고모에게서 들어 알았지만, 문수는 이것으로 확실하게 오늘 아침의 창피함을 싹 씻어 냈다. 우연이지만 이 곡을 알게 해 준 큰고모가 고마웠다.

그때 선생님이 말했다.

"'경기병 서곡'은 여러 악기로 연주하는 음악이에요. 이렇게 멋지고 좋은 악기도 많지만, 우리 목소리는 그 어느 악기보다 훌륭한 악기랍니다. 여러 악기가 모여 연주하면 훌륭한 오케스트라가 됩니다. 그것처럼 여러분 하나하나가 멋진 악기이니 모두 입을 모아 함께 노래한다면 훌륭한 합창단이 되지요. 그리고 여러분이 스스로 참여하고 연습한다면 여러분의 창의성은 그만큼 높아진답니다. 자, 그럼 학기 말에 있을 합창 대회를 잘 준비해야겠지요?"

"네!"

아이들 가운데에서도 문수 목소리가 가장 컸다.

'큰고모도 훌륭한 악기가 되려고 아침마다 그렇게 발성 연습을 하는구나.'

이렇게 생각하자 큰고모의 목소리가 왠지 부드럽고 감미롭게 여겨졌다. 다다다 퍼붓는 잔소리 박사 작은고모의 목소리도 그렇게 들렸다.

수업을 마치고 집으로 돌아오는 문수의 발걸음은 무척이나 가벼웠다.

오늘밤 꿈속에서 잠자리 귀신들을 무찌르고 오줌싸개, 싸개 대장 계급장을 뗄 생각을 하니 기분이 좋았다. 안동에서 구경했던 탈춤이 눈앞에 선했고, 그 장단이 귓전에서 쟁쟁 울리는 것 같았다.

"덩덕 덩더쿵."

그 장단에 맞춰 문수 어깨가 들썩거렸다.

'잠자리들아, 미안해. 앞으로는 나쁜 짓 안 할게, 절대로. 약속할게!'

예술 공부는 왜 할까?

창의력과 표현력이 쑥쑥!

예술은 다양한 의미를 가지고 있습니다. 책을 읽거나, 음악을 듣거나, 그림을 보거나 무용 공연을 보는 등 예술가들의 작품을 감상하거나 직접 자신의 느낌과 감정을 다양한 방법으로 표현해 보는 것이지요. 어떠한 것이든 우리는 예술을 접하고 공부함으로써 감정을 풍부하게 하고 정서가 안정될 수 있습니다. 그리고 상상력을 키워 자신만의 특별한 기질이나 성질을 발달시킬 수 있습니다. 뿐만 아니라 예술 활동을 통해 창의력과 표현력도 기를 수 있습니다.

요즘은 자신의 생각을 어떤 방법으로 새롭게 표현하느냐가 중요한 시대입니다. 개성이 있으면서도 사람들의 공감을 사는 예술 작품은 시대와 나라를 뛰어넘어 사랑을 받습니다. 미술과 음악 등 예술 분야는 삶은 풍요롭게 해 주는 과목입니다.

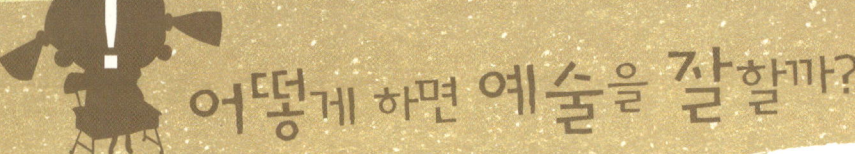

어떻게 하면 예술을 잘할까?

음악과 미술 등 예술 공부를 잘하려면 생활 속에서 예술을 즐기며 예술을 생활화해야 합니다. '생활화' 라는 것이 꼭 발레 공연을 보거나 음악회를 가는 것을 의미하지는 않습니다. 일상 생활속에서 아름다움을 느끼고, 그 느낌을 노래로, 몸으로, 그림으로 표현해 보는 것이 모두 '예술의 생활화' 입니다.

미술의 경우, 자연물, 사람들의 표정, 행동, 건축물 등에서 **아름다움을 발견하는 눈을 기릅니다.** 그러기 위해서는 항상 사물을 관찰하고 그 특징을 찾아보고, 그 안에 담겨 있는 색, 면, 명암, 양감 등을 생각해 봅니다. 아름다움을 발견했다며 그것을 다양한 방법으로 표현해 봅니다. 붓으로, 찰흙으로, 그 외의 크레파스, 연필, 면봉 등을 이용해 보세요.

음악의 경우에는 먼저, **주변에서 들리는 다양한 소리에 귀 기울여 보세요.** 동물들의 소리, 주방 기구들이 내는 소리, 사람들의 목소리. 이런 소리들을 자신이 가지고 있는 악기로 표현해 봅니다. 우리는 여러 가지 악기

와 몸으로 음의 높고 낮음, 빠르기, 크기 등을 함께 표현할 수 있습니다.

다양한 음악과 미술품을 감상합니다. 음악을 듣거나 미술품을 보면 마음이 따뜻하고 편안해집니다. 그런 느낌을 느끼는 것에서 끝내지 말고 그 느낌을 표현해 봅니다. 우리나라뿐만 아니라 세계의 다양한 작품을 찾아 어떻게 표현됐는지 알아봅니다. 이렇게 하는 동안 우리는 세상을 밝게 만드는 마음을 가진 예술가가 되어 있을 것입니다.

"선생님이 말해요!"

1. 일상 생활에서 자연물과 조형물에 관심을 가지고 관찰합니다. 다양한 소리, 음악 속에서 아름다움을 찾고 늘 가까이 합니다.
2. 자신의 느낌을 다양한 방법으로 표현해 봅니다. 그림으로 그려 보고, 몸과 악기로 표현하면서 창의력과 표현력을 기릅니다.
3. 전시회, 음악회에 참가하여 많은 음악, 미술 작품을 감상합니다. 나의 느낌과 감상을 적는 감상록을 만듭니다.

체육 공부를 위한 동화 _ 윤소이
나의 멋진 왕자님들

그 아이는 정말 멋지다.

나는 그 아이 때문에 사춘기가 시작되었다.

"5학년 주제에 사춘기는 무슨!"

내가 아무래도 사춘기 같다고 말했을 때 엄마는 코웃음을 쳤다.

'우리 딸이 벌써 사춘기야? 왜 그런 생각이 들었는데? 무슨 일 있어?'

이렇게 다정하게 물어봐 줬다면 그 아이에 대한 내 마음을 털어놓을 생각이었다. 아니다. 그래 봤자 우리 엄마의 반응은 뻔하다.

'기집애가 발라당 까져 가지고 벌써부터 무슨 남자 친구 타령

이야! 그럴 시간 있으면 앉아서 마늘이나 좀 까!'

반찬 가게를 하는 엄마에게 가장 중요한 일은 반찬 만드는 일이었다. 엄마는 '소문난 반찬 가게'라는 간판 글씨 옆에 엄마의 사진까지 떡하니 걸 정도로 손맛에 대한 자부심이 대단했다. 우리 가게에 온 손님이 반찬을 조금 집어 먹고 말 한마디 잘못하면 된통 야단을 맞는다. 이런 식이다.

"조금 짠 것 같은데……."

"무슨 소리예요. 음식 맛을 볼 줄 모르시는구먼. 염분이 부족하면 몸에 탈 나요. 우리 집 반찬이 다른 건 몰라도 간 하나는 똑 부러지게 잘 맞기로 소문났잖아요!"

반대의 경우도 있다.

"좀 싱거운 거 아니에요?"

"하이고, 어지간히 짠 것만 찾으시네. 요즘 짜게 먹는 사람이 어딨어요! 웰빙이다 뭐다 해서 담백한 게 유행이구먼. 이 동네 입맛 까다로운 양반들은 죄다 우리 집 반찬만 사다 드시는데, 소문 못 들으셨구나. 정보에 밝아야지요, 정보에!"

손님들이 그렇게 야단맞고도 다음에 다시 반찬 사러 오는 것을 보면 우리 엄마 솜씨가 좋은 것만은 틀림없다. 반찬 솜씨인지 말솜씨인지는 잘 모르겠지만. 어쨌든 손님에게조차 친절하지 않은

엄마에게 사춘기니 남자 친구니 하는 다정한 대화를 기대한 것은 대단한 착각이다.

사실, 기훈이를 좋아하게 된 것도 나의 대단한 착각 때문인지 모른다.

5학년에 올라온 지 얼마 안 되었을 때, 자기소개를 하는 시간이었다. 앞에 나간 기훈이가 자기소개를 하다가 나와 눈이 마주치자 싱긋 웃었다. 그 순간 내 심장이 바닥에 '쿵!' 하고 내려앉는 소리가 났다. 기훈이는 계속 나를 보며 웃었다. '나는 저 아이가 왜 날 보며 웃지? 내 얼굴에 뭐가 묻었나?' 라고 생각해야 했지만, 그만 기훈이가 날 좋아한다고 믿고 말았다. 쉬는 시간에 기훈이가 나에게 다가왔다. 내려앉았던 심장이 이번에는 쿵쿵 뛰었다. 기훈이는 조금 망설이듯 내게 말했다.

"야, 너 머리에 양파 껍질."

으아악! 이런 망신. 아침에 엄마가 양파 까던 손으로 머리를 대

충 묶어 주더니 결국!

나는 허겁지겁 이곳저곳을 더듬거렸는데, 그러는 사이 기훈이가 내 머리에 붙은 양파 껍질을 떼어 주었다. 기훈이는 웃을 때 눈이 아예 보이지 않고 눈가에 주름살이 여러 가닥 잡혔다. 아이들은 기훈이의 주름을 보며 할아버지도 아닌 '할머니'라고 놀렸지만, 나는 그 주름이 오히려 멋있어 보여 가슴이 뛰었다.

나는 그날 일기에 이렇게 적었다.

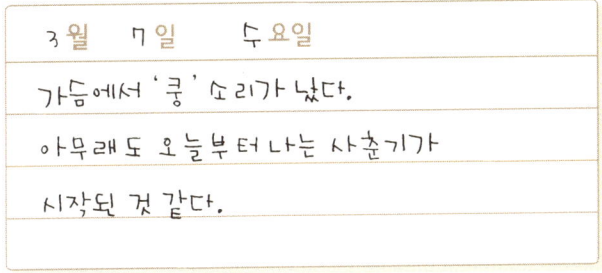

3월 7일 수요일
가슴에서 '쿵' 소리가 났다.
아무래도 오늘부터 나는 사춘기가
시작된 것 같다.

양파 껍질 사건이 있은 뒤 학교에 다니는 게 행복했다.

알고 보니 기훈이는 못하는 게 없는 아이였다. 수업 시간에 언제나 손을 들고 또박또박 발표하는 아이, 음악 시간에는 큰 소리로 노래를 멋지게 부르는 아이, 미술 시간에는 화가처럼 멋진 자세로 그럴듯한 그림을 척척 그려 내는 아이, 월요일 조회 시간마다 여러 가지 상을 휩쓰는 아이. 언제나 자신만만한 얼굴로 주름을 만들며 웃는 아이, 여자 아이들한테 짓궂은 장난을 절대 치지 않는 아이, 욕설도 하지 않는 아이. 한마디로 진짜 왕자님 같은 아이. 그런 아이가 바로 내 남자 친구 오기훈이었으니 행복할 수밖에. 물론 기훈이 자신은 이 사실을 모르지만.

어느 날 체육 시간이었다.

어린이날 기념 체육 대회를 앞두고 이어달리기며 짝 체조, 피구 등 여러 가지 운동 연습이 한창이었다. 기훈이는 배가 아프다며 등나무 아래 벤치에서 아이들을 구경했다. 나도 갑자기 머리가 띵하고 아파 오는 느낌이었다. 나는 선생님에게 말하고 기훈이 옆에 가서 앉았다. 기훈이와 단둘이 이야기할 좋은 기회였다. 무슨 말부터 꺼내야 하나 망설이는데 기훈이가 먼저 입을 열었다.

"현정아!"

"응?"

"비발디의 '사계' 가운데에서 넌 뭐가 좋아?"

비발디라니. 우리 엄마가 들었다면 무슨 썩은 마늘 도려내는 소리냐고 했을 것이다. 들어 본 것도 같은데 비발디, 사계, 그게 뭐더라? 등줄기에 식은땀이 쪼르륵 흘러내렸다.

나는 재빨리 기훈이에게 말을 넘겨 버렸다.

"나? 난 비발디 별로야. 너는?"

"응, 나는 '여름'이 가장 좋아. 덥고 짜증날 때 비발디의 '여름'을 들으면 정말 상쾌해지잖아."

"그, 그렇긴 하지."

역시 왕자님은 아는 것도 많다. 그러나 나는 머리가 더 아파졌다. 빨리 다른 이야기를 하려고 내가 물었다.

"너 학원 많이 다니니?"

"아니, 나는 학원 같은 건 안 다녀. 집에서 혼자 공부하고 음악 듣고 책 읽는 게 좋아. 너 《데미안》이라는 책 읽어 봤니?"

《데미안》은 또 뭐지? 되게 미안하네. 더 이상 아는 척을 할 수도, 모른다고 말해 창피를 당할 수도 없어 그냥 체육 수업을 받기로 마음먹었다.

"어? 피구 연습 시작한다. 안 갈래?"

나는 아이들이 있는 운동장 한가운데로 냅다 뛰었다. 기훈이가 빤히 바라보고 있는 게 신경 쓰여 금방금방 공을 맞고 선 밖으로 나오게 되었지만, 땀 흘리며 피구를 하는 사이에 아팠던 머리가 말끔해졌다. 체육 시간이 끝나고 수돗가에서 세수를 할 때 아이들은 기훈이에 대해 불만을 터뜨렸다.

"쟨 왜 체육만 하면 아프냐."

"4학년 때도 만날 저랬어. 달리기도 얼마나 느린데."

"오기훈 완전 몸치야. 잘난 척 덩어리에다."

"그러니까 왕따지."

왕따? 왕자가 아니라 왕따? 사춘기가 시작되던 날 가슴에서 나던 '쿵' 소리가 또 들렸다. 왕자가 왕따였다니! 난 남자 아이들이 너무 거칠게 노니까 기훈이 스스로 어울리기 싫어하는 줄만 알았다. 5학년이 되니까 아이들은 자연스럽게 남자는 남자끼리, 여자는 여자끼리 어울렸다. 그러느라 기훈이가 왕따라는 사실은 짐작도 못했다.

'너무 뛰어나도 왕따일 수 있어. 왕자는 원래 외로운 법이야.'

기훈이가 왕따인 이유는 몸치에 잘난 척 덩어리가 아니라 왕자이기 때문이라고 애써 생각하니 마음이 편안해졌다. 그러고 보니 왕자님 기훈이가 보통 애들과 아무렇지도 않게 어울린다면 오히려 그게 더 이상한 일일 것이다.

그러나 기훈이가 몸치라는 사실은 다음 체육 시간에 확실히 드러났다.

장애물 달리기를 하는 날이었다. 선생님이 호루라기를 불면 재빨리 달려가 30~40센티미터 정도 높이의 장애물 세 개를 뛰어넘어 도착선까지 달리는 것이었다. 나는 달리기를 썩 좋아하는 편은 아니지만 장애물 달리기는 장애물 넘는 재미에 힘든 줄 모르고 했다.

다다다다 달려가서 장애물 하나를 폴짝!

하나 둘 셋 발 구르고 폴짝!

하나 둘 셋 다시 발 구르고 폴짝!

그렇게 뛰고 나면 어느새 도착이다. 아이들마다 속도나 자세는 달랐지만 모두 장애물 달리기를 해냈다. 전혀 하지 못하는 아이는 오직 기훈이 혼자뿐이었다. 출발부터 겅중겅중거리는 모습이 우스꽝스러웠다. 게다가 앞머리가 날리자 자꾸 손으로 머리를 매만지며 뛰었다. 결정적으로 첫 번째 장애물 앞에서 기훈이는 그만 딱 멈추고 말았다. 기껏해야 30~40센티미터 높이의 장애물을 넘지 못하다니, 왕자 기훈이가 정말 왕따로 보이려는 순간이었다.

"오기훈, 다시! 똑똑한 녀석이 그것도 못 넘어, 인마!"

선생님이 소리쳤다.

내 생각에 장애물을 잘 넘는 것과 똑똑한 것과는 상관없는 문제 같은데 선생님은 그렇게 말씀했다. 기훈이는 울상이 되어 출발선으로 되돌아갔다. 이번에는 기우뚱하며 간신히 넘긴 했는데 장애물에 발이 걸려 넘어지고 장애물도 쓰러뜨렸다.

"다시!"

선생님은 기훈이가 성공할 때까지 시키려는 것 같았다.

"야, 그걸 못 넘냐!"

"어휴, 바보! 빨리 좀 해라."

"선생님, 우린 언제 해요? 그냥 쟤 빼요."

아이들의 불만이 터져 나왔다.

"체육 대회 때 반 대항 릴레이로 장애물 달리기를 해야 한다. 장애물을 순간적으로 판단하고 민첩하고 용감하게 움직여야 해. 어려운 사람들은 따로 남아서 연습해라. 특히 기훈이는 연습을 많이 해야겠다."

선생님은 다시 호루라기를 불었고 아이들은 차례차례 장애물을 넘었다. 그때였다.

'휘리릭 쌩 휘리릭 쌩!'

뭔가가 순식간에 눈앞으로 지나갔다.

"우와아~!"

아이들이 환호성을 질렀다. 늘 조용해서 우리 반에 있는 줄도 몰랐던 혁준이었다. 혁준이는 옷자락을 펄럭거리며 지붕 위를 날아다니는 무협 영화에 나오는 무사 같았다. 혁준이의 장애물 달리기는 장애물 날아가기처럼 보였다. 체육 시간이 끝난 뒤에도, 학교 수업이 모두 끝난 뒤에도 장애물 넘던 혁준이의 모습이 눈앞에 아른거렸다.

나는 일기에 이렇게 적었다.

> 4월 18일 수요일
> 자꾸만 생각나는 모습이 있다.
> 진짜 사춘기는 이제부터 시작인 것 같다.

그날 이후, 나는 누가 내 왕자님인지 헷갈리기 시작했다.

평소에는 기훈이가 멋지다가도 체육 시간만 되면 혁준이가 멋있었다. 우리 엄마처럼 사람을 짠맛과 싱거운 맛으로 구별한다면, 기훈이가 짠맛이고 혁준이는 싱거운 맛이다. 기훈이는 말을 잘하지만 혁준이는 말이 없었다. 기훈이는 키가 컸지만 혁준이는 키가 보통이었다. 기훈이는 체육만 못했지만 혁준이는 체육만 잘했다.

체육 시간에 기훈이는 다른 아이들이 운동하는 모습을 구경하는 일이 더 많았다. 줄넘기는 열 개를 넘기지 못했다. 물구나무서기는 아예 엄두도 내지 못했다. 기훈이가 이어달리기를 할 때면 보는 아이들이 답답해 죽을 지경이었다. 자꾸 머리만 매만지며 천천히, 너무나도 천천히 뛰었다. 종목과 상관없이 기훈이가 있는 팀은 언제나 질 수밖에 없었다.

"그렇게 구경만 하지 말고 틈틈이 연습 좀 해 봐. 몸을 움직이라고."

틈틈이 연습할 필요가 전혀 없는데도 잠시도 몸을 가만두지 않고 연습하던 혁준이가 기훈이에게 한마디 했다. 평소에 말이 없던 혁준이가 이렇게 나오는 걸 보니 어지간히 답답했던 모양이었.

그러나 그 말에 기훈이는 몹시 화를 냈다.

"무슨 상관이야! 나는 체육 같은 건 필요 없어. 공부에 아무 도움도 안 되잖아! 땀나서 몸만 더러워지고. 체육 시간에 뛰고 나면 다음 수업도 힘들어. 그렇다고 특별히 건강해지는 것도 아니잖아. 운동선수 될 것도 아닌데 내가 꼭 체육까지 잘할 필요가 있냐! 머리 나쁜 너나 실컷 해라!"

기훈이는 얼굴이 벌게져서 씩씩거렸다. 연습 좀 하라는 말에 저렇게까지 화를 내야 하는지 이해할 수 없었다. 기훈이 기세로 봐서는 당장 혁준이에게 달려들어 주먹질을 할 것 같았지만 다행히 그런 일은 벌어지지 않았다. 혁준이는 그런 기훈이를 물끄러미 바라볼 뿐이었다.

아이들이 수군거렸다.

"말만 많지, 싸움도 할 줄 모르는 겁쟁이야."

"장애물 하나도 못 넘는 주제에 무슨 싸움을 하겠냐."

"혁준이 네가 참아."

그런데 신기하게도 혁준이의 말은 효력이 있었다.

기훈이는 혁준이에게 모욕을 당했다고 생각했는지 그날부터 열심히 장애물 달리기 연습을 시작했다. 수업이 끝나고 나면 기훈이는 책가방을 스탠드에 놓고 장애물을 넘었다. 제자리에 서서 넘기도 하고 대단한 결심이라도 한 듯 다다다다닥 달려서 넘으려고도 했다. 하지만 그럴 때마다 장애물 앞에 가면 멈추어 섰다. 운동장에서 놀고 있던 몇몇 아이들이 기훈이를 흘깃흘깃 보았다.

"오기훈은 구제 불능이야."

"쟤 때문에 체육 대회 때 우리 반이 꼴찌 하겠다."

아이들은 애쓰는 기훈이를 안쓰러워하기보다는 일주일 앞으로 다가온 체육 대회를 더 걱정했다. 그건 나도 마찬가지였다. 차라리 그날 기훈이가 결석한다면 고마울 지경이었다.

"이걸 한번 넘어 봐."

어디선가 혁준이가 나무 막대기 세 개를 들고 와서 장애물 옆에 차례로 눕혀 놓았다.

"막대기 앞까지 너무 가까이 가지 말고 세 걸음째에 힘차게 뛰어 봐."

머뭇거리던 기훈이는 높이가 없는 막대기를 보자 자신이 붙은 듯 혁준이 말대로 세 걸음째에 힘껏 뛰어 첫 번째 막대기를 넘었다.

"잘했어. 되네!"

혁준이가 박수를 쳤다.

그러나 기훈이는 발걸음이 맞지 않아 두 번째 막대기는 밟을 뻔했다. 아이들이 하나 둘 모여들기 시작했다.

"너 음악 잘하잖아. 음악처럼 리듬을 타고 넘는 거야. 하나 둘 셋 펄쩍, 하나 둘 셋 펄쩍, 이렇게. 이번엔 끝까지 해 봐."

혁준이의 말에 기훈이는 다시 출발선으로 돌아가 숨을 크게 들이쉬었다. 구경하는 아이들도 침을 꼴깍 삼켰다.

"출발! 하나 둘 셋 펄쩍! 하나 둘 셋 펄쩍!"

혁준이가 구령을 붙여 주자 약속이나 한 듯 기훈이가 막대기를 차례로 넘었다. 눕혀 놓은 막대기 세 개를 넘는 것은 사실 어려운

일이 아니었다. 그런데도 혁준이는 기뻐했다.

"그래, 그렇게 하는 거야! 이제 진짜 장애물로 해 보자."

말 한마디 없이 입을 꾹 다물고 막대기를 넘은 기훈이의 얼굴은 벌겋게 달아올랐다.

"바닥에 있는 건 몰라도 장애물은 자신 없는데……."

그러나 혁준이는 할 수 있다며 장애물 넘기를 권했다.

"아까처럼만 하면 돼. 리듬을 생각해. 장애물 직전에 가장 힘차게 펄쩍 뛰어! 장애물이 넘어져도 계속 가!"

기훈이는 고분고분하게 고개를 끄덕이며 혁준이의 말에 따랐다. 혁준이는 평소에 말이 없었지만 기훈이가 장애물을 넘는 데 꼭 필요한 말은 잘도 골라서 해 주었다. 아이들이 점점 더 모여들었다. 나는 아이들이 많이 모여 기훈이가 긴장하는 것은 아닌지 걱정하며 지켜보았다. 혁준이의 구령에 따라 기훈이가 출발했다.

"하나 둘 셋 펄쩍! 하나 둘 셋 펄쩍!"

혁준이의 구령이 제법 빨랐는데도 기훈이는 구령 소리에 맞춰 장애물을 척척 넘었다. 세 번째 장애물까지 넘어 도착선으로 냅다 뛰는 기훈이를 보며 아이들이 "와아!" 함성을 질렀다. 여기저기서 박수가 터져 나왔다.

"우아, 성공이야, 성공!"

혁준이가 소리쳤다.

기훈이는 도착선에서 다시 반대로 장애물을 뛰어넘으며 출발선으로 달려오더니 혁준이를 덥석 껴안고 좋아했다. 혁준이는 연신 기훈이의 등을 두드려 주었다. 나는 나의 두 왕자님이 부둥켜안고 있는 모습을 보며 눈물이 핑 돌았다.

그날 밤 일기에는 이렇게 적었다.

> 4월 25일 수요일
> 엄마의 반찬은 때로 짭짤하고 때로 싱겁다.
> 체육 대회를 일주일 앞둔 나의 두 왕자님도 그렇다.
> 하지만 나는 엄마의 반찬도,
> 나의 두 왕자님들도 너무 좋다.

체육 공부는 왜 할까?

건강한 정신력과 체력을 길러주는 비밀

체육 시간이 항상 즐겁지만은 않을 것입니다. 자기가 싫어하거나 잘 안 되는 운동은 힘들게 여기질 것입니다. 왜 학교에 가면 체육을 해야 할까요? 물론 우리 몸을 건강하게 하기 위해서입니다. 그런데 학교에서 배우는 체육은 생각보다 훨씬 많은 비밀을 갖고 있습니다. 그 가운데에서 대표 비밀은 다음과 같습니다.

첫 번째 비밀, 체육은 움직이고 싶은 욕구를 채우기 위해서 합니다. 사람은 누구나 몸을 움직이기 좋아하는 본능이 있어요. 특히 초등학생 시절은 움직임에 대한 욕구가 무척 강하지요. 수업 시간에도 움직이고 싶어 온몸이 근질근질합니다. 체육은 몸을 충분히 움직이게 해서 이런 욕구를 채우고 긴장과 불안을 없애 줍니다. 몸을 기분 좋게 움직이고 나면 마음도 안정되기 때문에 정신 건강에 아주 좋습니다.

두 번째 비밀, 몸을 즐겁게 움직이는 동안 신체 각 기관이 골고루 발달합니다. 물론 키도 크고 근육도 발달하지만 심장, 폐, 신경 등도 함께 발달하면서 신체 기능이 좋아져요. 운동은 하면 할수록 점점 더 잘하는 것은 물론이고, 체력도 좋아집니다.

세 번째 비밀은 좀 특이합니다. 체육은 우리를 똑똑하게 만듭니다. 체육을 잘 하면 좋은 세 번째 비밀은 창의력 발달이에요. 체육을 하다 보면 우리 몸에 대해 잘 이해하고, 움직임의 과학을 깨닫게 됩니다. 그러는 사이 운동과 건강의 관계도 알게 되지요. 이러한 지식은 생활에서도 써먹을 수 있답니다. 체육을 통해 신중하고 빠르게 판단하고, 문제를 해결하고, 창의적으로 생각할 수 있는 능력을 얻을 수 있어요.

　자, 이제 마지막 비밀! 체육은 왕따를 없애는 데 가장 좋은 과목입니다. 체육은 친구와 함께하는 시간이 많아요. 그리고 정정당당하게 경쟁해야 하기 때문에 친구들과 좋은 관계를 맺을 수 있습니다.

어떻게 하면 체육을 잘할 수 있을까?

첫째, 하루에도 조금씩 운동하는 시간을 가지세요. 힘들고, 어려운 운동일 필요는 없어요. 겅중겅중 흔들흔들 춤을 추거나 줄넘기를 하는 것도 좋은 운동입니다. 우리 몸은 쓰면 쓸수록 발달하기 때문에 규칙적인 운동은 우리 몸을 유연하고, 건강하게 해 줄 거예요.

둘째, 선생님 말씀을 집중해서 잘 듣고 **경기 규칙을 잘 익히세요.** 공을 어떻게 다루는지, 어떤 규칙으로 게임이 진행되는지, 친구들과 어떻게 협동해야 하는지 집중해서 듣는다면 훨씬 좋은 성과를 거둘 거예요. 이때 어떤 수업이든 적극적으로 참여하고 스스럼없이 따라해 본다면 더 효과적입니다.

마지막으로, **실패를 두려워하지 마세요.** 체육은 연습을 많이 해 본 사람이 잘 합니다. 물론 연습을 많이 하기 위해서는 실패도 겪어야겠지요. 처음에 잘 안 된다고 좌절하지 말고, 연습하는 계기로 삼아 꾸준히

노력한다면 자신도 모르는 사이에 체육 실력이 쑥쑥 늘어날 거예요.

"선생님이 말해요!"

1. 한 달 동안 할 운동량을 정하고 매일 매일 체크합니다. 한 달이 지나면 운동의 양과 강도를 조금 높입니다.
2. 경기 규칙을 잘 이해하고 협동하여 즐겁게 참여합니다. 또 규칙을 변형시켜서 나만의 게임을 만듭니다.
3. 자신감을 가집니다. 체육은 '할 수 있다!'는 마음가짐이 제일 중요합니다. 처음에는 어렵겠지만 계속 시도해 보면 자신감이 붙어 잘할 수 있습니다.